예수님이 알려주시는 *48*가지의 인생레슨

그분이
내게 말을
걸어오셨어요

| 임동환 지음 |

KB192095

북랩 book Lab

들어가는 말

현재 전 세계는 코로나바이러스감염증-19(이하 코로나19)의 소용돌이 속에서 신음하고 있다. 전 세계적으로 수많은 확진자 및 사망자가 나왔고, 수많은 사람이 평상시의 삶을 잃어버렸다. 교회에서는 소수의 사람만이 교회에서 예배를 드릴 수 있고, 대부분은 온라인으로 비대면 예배를 드려야 했다. 자영업에 종사하는 사람들은 제대로 영업을 하지 못하여 폐업의 위기에 내몰렸고, 학생들은 학교에 출석하지 못하고 비대면으로 수업을 해야 했다. 사람들은 언제 코로나19에 감염될지 모른다는 두려움 속에서 하루하루를 살아가고 있다.

초대교회에도 이런 위기와 두려움이 있었다. 종교 지도자들은 하나님의 아들이신 예수님을 신성 모독죄로 몰아 십자가에서 죽였다. 그들은 예수님은 하나님의 아들이 아니며, 예수님의 부활은 사실이 아니고, 제자들이 꾸며낸 이야기라고 소문을 퍼뜨렸다. 그뿐만 아니라 예수님을 따르는 사람들은 모두 죽여야 한다고 주장했다. 당시의 종교 지도자들은 예수를 믿는 제자들을 심각한 병을 옮기는 사람처럼 취급했다. 그러나 예수님의 사역과 가르침, 죽음과 부활을 지켜본 마가는 예수님이 가르쳐 주신 이야기를 다른 사람들에게 전하여 그들도 위기와 두려움에서 벗어나 위로와 희망 속에서 살게 해줘야겠다고 생각했다. 마가는 자신이 만났던 예수님, 자신의 인생을 바꾸어 주신 그분의 이야기를 마가복음에 담았다. 마가는 예수님이 하신 사역과 가르침을 최대한으로 간략하게 기록하였다. 그는 예수님의 탄생 이야기는 과감하게 생략하고, 예수님이 사역을 시작하신 시점부터 이야기를 시작했다. 마가는 두려움 속에서 살아가는 초대 교인들에게 위로와 희망을 전할 수 있기를 원했다.

이 책은 필자가 CTS 기독교TV의 〈빛으로 소금으로〉 프로그램에서 매주 한 편씩 마가의 눈으로 본 예수님의 사역과 가르침을 묵상하며 방송했던 내용을 엮은 것이다. 이 책은 마가복음의 전개 순서에 따라서 전체를 5부로 구성하고, 48개의 주제로 나누었다. 이 책을 읽는 분은 옆에 마가복음을 펼쳐 놓길 바란다. 먼저 본문을 읽고 묵상하면서 이 책에서 말하는 48개의 주제를 하나씩 천천히 살펴보면 좋겠다. 이 책을 통하여 코로나19로 두려움과 절망을 가진 사람들이 위로와 희망을 주시는 예수님을 만나시기를 소망한다.

임동환

차례

1장

절망하지 말고
희망을 가지고 살자

예수님은 권능이 많으신 하나님의 아들이시다 [1)]

마가복음 1장에 보면 예수님에 대한 이야기로 시작하는 것이 아니라 침례(세례) 요한에 대한 이야기로 시작하는 것은 좀 낯설다. 왜? 마가는 예수님의 사역과 가르침을 전하는 책에서 처음부터 예수님의 이야기가 아니라 요한의 이야기를 꺼내고 있는 것일까? 그러나 성경을 자세히 보면 마가의 관심은 요한에게 있는 것이 아니라 그 요한이 가리키고 있는 예수 그리스도인 것을 알 수 있다. 본문이 우리에게 주는 교훈은 무엇일까?

예수님은 하나님의 아들이시다

마가복음 1장 1절은 "하나님의 아들 예수 그리스도의 복음의 시작이라."라고 말하고 있다. 마가는 예수님에 대하여 소개하면서 예수님이 하나님의 아들이라고 선언하고 있다. 당시에 바리새인들은 예수님에 대하여 "자신을 하나님의 아들이라고 주장하고, 자신을 왕으로 주장

---

1) 막 1:1-8

한 신성 모독을 한 자칭 왕."이라고 주장했다. 그러나 그런 주장에 대하여 마가는 예수님이 분명하게 하나님의 아들이라고 주장한다. 성경에 보면 예수님이 하나님의 아들이심을 주장하는 많은 구절을 발견하게 된다.

하나님이 예수님을 "내 사랑하는 아들"이라고 부르셨다. 예수님이 침례 요한에게 침례를 받으러 요단강에 나와 침례를 받고 물에서 올라올 때 하늘에서 하나님의 음성이 들렸다. 마태복음 3장 17절에 보면 "하늘로부터 소리가 있어 말씀하시되 이는 내 사랑하는 아들이요 내 기뻐하는 자라 하시니라."라고 말하고 있다. 하나님이 예수님을 내 사랑하는 아들이라고 부르신 것이다.

예수님의 제자들이 예수님을 하나님의 아들이라고 고백했다. 시몬 베드로는 예수님을 하나님의 아들이라고 고백했다. 마태복음 16장 16절에 보면 "시몬 베드로가 대답하여 이르되 주는 그리스도시요 살아 계신 하나님의 아들이시니이다."라고 고백했다. 예수님을 가장 가까이서 지켜본 제자들이 예수님을 하나님의 아들이라고 말했다.

귀신도 예수님이 하나님의 아들이라고 선언했다. 마가복음 3장 11절에 보면 "더러운 귀신들도 어느 때든지 예수를 보면 그 앞에 엎드려 부르짖어 이르되 당신은 하나님의 아들이니이다 하니."라고 말했다. 귀신은 예수님이 하나님의 아들이신 것을 알았다. 오늘 우리도 예수님이 하나님의 아들이심을 믿어야 한다.

예수님은 기쁜 소식을 이 세상에 가지고 오셨다

마가복음 1장 1절의 끝에 보면 "예수 그리스도의 복음의 시작이라."라고 말하고 있다. 복음이란 무엇인가? 복음이란 좋은 소식Good News, 기쁜 소식을 말한다. 예수님이 이 땅에 오신 이유는 우리에게 좋은 소식, 기쁜 소식을 알려주시기 위해서다. 예수님이 우리에게 주시는 좋은 소식은 무엇인가?

> 모든 사람이 죄를 범하였으매 하나님의 영광에 이르지 못하더니(롬
> 3:23)

모든 사람들은 죄 가운데 있다. 아담과 하와의 범죄 이래로 인류는 모두 죄와 죄책감 가운데 살아가고 있다. 그러나 하나님은 죄 가운데 살아가는 인류를 용서하시고, 구원하기를 원하신다.

> 너의 하나님 여호와가 너의 가운데에 계시니 그는 구원을 베푸실 전능
> 자이시라 그가 너로 말미암아 기쁨을 이기지 못하시며 너를 잠잠히 사랑
> 하시며 너로 말미암아 즐거이 부르며 기뻐하시리라 하리라(습 3:17)

하나님은 우리를 사랑하신다. 하나님께서 우리를 얼마나 사랑하시는지 스바냐 선지자는 고백하기를 하나님은 우리로 말미암아 기쁨을 이기지 못하실 정도로 우리를 사랑하신다고 말했다. 하나님은 이 순간에도 우리를 잠잠히 사랑하고 계신다. 나는 자녀가 태어났을 때 아기를 가슴에 안을 때 마음에 끓어오르는 그 사랑의 감격을 지금도 잊을 수 없다. 하나님은 오늘도 우리를 그렇게 안고 계시고, 사랑의 눈으

로 바라보고 계신다.

> 너희가 알거니와 너희 조상이 물려 준 헛된 행실에서 대속함을 받은 것
> 은 은이나 금 같이 없어질 것으로 된 것이 아니요 오직 흠 없고 점 없는 어
> 린 양 같은 그리스도의 보배로운 피로 된 것이니라(벧전 1:18-19)

예수님은 우리를 죄에서 구원하시려고 십자가에서 죽으시고 부활하셨다. 예수님이 이 땅에 오셔서 십자가를 지시고 우리를 대신하여 죽으심으로 하나님의 사랑을 확증해 주셨다. 예수님이 피 흘려 죽으심으로 우리의 모든 죄를 씻어 주시고, 우리를 자유롭게 해주셨다.

> 영접하는 자 곧 그 이름을 믿는 자들에게는 하나님의 자녀가 되는 권세
> 를 주셨으니(요 1:12)

누구든지 예수를 믿으면 하나님의 자녀가 된다. 예수님을 나의 주님으로 영접하고, 믿기만 하면 우리는 하나님의 자녀가 된다. 성경은 그것을 하나님의 자녀가 되는 '권세'라고 말하고 있다. 자녀를 부모가 양육하고 보호하듯이 우리가 하나님의 자녀가 되면 하나님은 우리를 돌보시고, 우리의 모든 것을 책임져 주신다. 그러니 예수님을 믿고 살면 우리는 두려울 것이 없다. 염려할 것이 없다. 하나님께서는 그의 자녀인 우리를 돌보아 주시기 때문이다.

예수님은 능력이 많으시다

그가 전파하여 이르되 나보다 능력 많으신 이가 내 뒤에 오시나니 나는
굽혀 그의 신발끈을 풀기도 감당하지 못하겠노라 (막 1:7)

침례(세례) 요한은 당시에 대단한 영향력을 가진 사람이었다. 이스라엘 전역에서 수많은 사람들이 요한에게 침례를 받으러 나왔다. 그런 대단한 사람인 요한이 고백하기를 예수님은 능력이 많으신 분이라는 것이다. 자신은 예수님에 비하면 아무것도 아니어서 그는 예수님의 신발 끈을 풀기도 감당하지 못할 존재라는 것이다. 신발 끈을 푼다는 것은 당시에 주인이 집에 돌아왔을 때 주인의 신발 끈을 풀어주는 하인을 떠올리게 하는 대목이다. 마가가 요한의 이야기를 처음부터 꺼낸 이유가 여기에 있다. 예수님은 요한보다 더 능력이 있으신 분이라는 것을 마가복음의 시작부터 말하고 싶었던 것이다.

어떤 사람들은 요한의 고백을 그의 겸손함을 이야기하는 것이라고 생각하기도 한다. 그러나 이것은 단순히 요한의 겸손을 말하고 있는 것이 아니라 요한이 생각하고 있는 예수님에 대한 사실을 증거하고 있는 것이다. 요한은 당시에 대단한 영향력을 가진 사람이었지만, 예수님은 요한보다도 더 놀라운 능력을 가진 분이라는 것이다. 예수님은 귀신을 쫓아내고, 병든 자를 고치고, 죽은 자를 살리시는 능력이 있는 분이라는 것이다. 예수님은 오늘도 우리에게 놀라운 기적을 선물로 주신다. 이 놀라운 기적의 주님을 묵상하며 매일 전하며 살아가자.

예수님은 하나님의 아들이시다. 예수님은 우리를 구원하실 기쁜 소

식을 가지고 이 땅에 오셨다. 예수님은 능력이 많으셔서 오늘도 우리의 모든 문제와 병을 해결해 주신다. 예수님을 의지하고 승리의 삶을 살아가자.

버릴 것을 버려라[2]

예수님은 요단강에서 침례를 받으시고, 성령의 이끌림을 받아 광야에서 40일간 금식하시고 시험을 받으셨다. 그 후 예수님께서 제일 먼저 하신 것은 제자들을 부르는 사역을 시작하신 것이다. 예수님은 하나님의 아들이시고, 놀라운 능력을 가지고 계심에도 불구하고, 모든 일을 혼자 하시지 않으셨다. 예수님은 제자들을 부르셔서 그들을 훈련하시고, 그들로 하여금 예수님이 하시고자 하는 일들을 위임하시고, 재생산할 수 있도록 하셨다. 로버트 콜먼은 그의 책 『주님의 전도 계획』에서 예수님은 제자들을 선택하시고, 동거하시고, 성별하시고, 분여하시고, 시범하시고, 위임하시고, 감독하시고, 재생산 하도록 하셨다고 강조하고 있다. 본문이 우리에게 주는 교훈은 무엇일까?

예수님은 우리를 부르신다

예수님은 갈릴리 바다에서 그물을 던져 고기를 잡는 베드로와 안드

---

2)　막 1:16-20

레를 보시고 그들에게 자신을 따라오라고 말씀하셨다.

> 갈릴리 해변으로 지나가시다가 시몬과 그 형제 안드레가 바다에 그물
> 던지는 것을 보시니 그들은 어부라 예수께서 이르시되 나를 따라오라 내
> 가 너희로 사람을 낚는 어부가 되게 하리라 하시니(막 1:16-17)

시몬 베드로와 그의 형제 안드레는 예수님이 그들을 부르실 때 주저하지 않고 예수님을 따라갔다. 그들의 결단은 그들의 인생에 있어서 일생일대의 가장 위대하고 놀라운 축복을 가져다주었다. 그들은 처음에는 예수님을 따라간다는 것이 무엇을 의미하는 것인지 잘 몰랐을 것이다. 그러나 그들은 예수님이 자신들을 부르셨을 때 그 부르심에 즉각적으로 순종하며 예수님을 따랐다. 오늘 우리도 예수님의 부름에 순종하여 예수님을 따라가야 한다. 우리는 오늘도 우리의 생각과 계획을 중심으로 사는 것이 아니라 예수님의 부름에 순종하여 살아가야 한다.

예수님은 우리를 향한 계획을 가지고 계신다

> 또 산에 오르사 자기가 원하는 자들을 부르시니 나아온지라 이에 열둘
> 을 세우셨으니 이는 자기와 함께 있게 하시고 또 보내사 전도도 하며(막
> 3:13-14)

예수님은 우리가 예수님과 함께 있기를 원하신다. 예수님은 제자들을 부르셔서 그들과 함께 시간을 보내기를 원하셨다. 우리들도 좋아하

는 사람들과 같이 대화를 하고 차를 마시며 시간을 보내는 것처럼 예수님도 제자들을 부르시고 그들과 대화하시고 함께하기를 원하셨다. 오늘 예수님은 우리를 부르신다. 우리와 함께 하시기 원하셔서 우리를 부르고 계신다. 우리도 매일 예수님께 나아가 기도로 함께 하고, 약속의 말씀을 읽고 묵상하며, 예수님이 우리에게 응답을 주시는 은혜 가운데 함께하며 살아가자.

예수께서 이르시되 나를 따라오라 내가 너희로 사람을 낚는 어부가 되게 하리라 하시니(막 1:17)

예수님은 우리가 복음 전하기를 원하신다. 베드로의 직업은 어부였다. 그러나 이제 예수님은 그를 더 이상 물고기를 낚고 살아가는 어부가 아니라 사람을 낚는 어부가 되게 하겠다고 말씀하셨다. 왜 예수님은 베드로에게 사람을 낚는 어부가 되게 하셨을까? 사람을 낚아 예수를 믿게 하는 것은 베드로에게 있어서 가장 가치 있는 일이기 때문이다. 예수를 믿을 때 우리는 하나님의 자녀가 되고, 영원한 천국의 시민이 된다. 우리가 받을 수 있는 가장 복된 신분을 얻게 되는 것이다.

우리 집 식구들은 원래 예수를 믿지 않았다. 그러나 아버지의 사업이 망하고 좌절과 절망 가운데 살아갈 때 우리 집에 교회의 구역장님이 자주 찾아오셨다. 그분은 사람을 낚는 어부였다. 거절을 하는 어머니에게 실망하지 않고 복음을 전하셨다. 그러던 어느 날 어머니는 예수를 믿기로 결단했고, 어머니는 우리 가족 모두를 교회로 인도했다. 그날이 우리 가정의 운명이 변화된 날이다. 나는 예수를 믿기 전에는 좌절과 절망 속에서 하루하루를 살았다. 그러나 예수를 믿으면서 나의 삶은 알 수 없는 희망과 기대로 가득하게 되었다. 포기하지 않고 끈질기게 복음을 전하는 사람을 낚는 어부 한 사람을 통하여 이런 놀라운 일이 일어나게 된 것이다.

오늘 우리에게도 예수님은 사람을 낚는 어부가 되라고 말씀하신다. 마가복음 16장 15절에 보면 "또 이르시되 너희는 온 천하에 다니며 만민에게 복음을 전파하라."라고 예수님은 말씀하셨다. 우리는 세상에 마음을 빼앗겨 세상일만을 위하여 살아서는 안 된다. 우리도 주변의 잃어버린 영혼들에게 복음을 전파하여 그 영혼을 구원의 길로 인도하는 어부가 되어야 한다.

예수님은 우리에게 권능을 주신다. 마가복음 3장 15절에 보면 "귀신을 내쫓는 권능도 가지게 하려 하심이러라."라고 말하고 있다. 예수님은 제자들에게 놀라운 권능을 주셨다. 제자들은 귀신을 쫓아내며, 모든 병을 고치고, 모든 약한 것을 고쳤다.

> 예수께서 그의 열두 제자를 부르사 더러운 귀신을 쫓아내며 모든 병과
> 모든 약한 것을 고치는 권능을 주시니라 (마 10:1)

제자들은 자신들이 가는 곳마다 기도할 때, 병든 자가 고침을 받고, 귀신이 떠나는 것을 보면서 놀랐을 것이다. 제자들은 이런 일은 예수님이나 하시는 일이지, 자신과 같은 사람들이 할 수 있으리라고는 생각도 못했을 것이다. 그러나 그런 권능은 제자들이 대단해서 행하는 것이 아니었다. 성경은 예수님의 제자들에게 그런 권능을 주셨기 때문에 그들이 그런 일을 행할 수 있었다고 말한다. 예수님은 오늘 우리에

게도 이런 권능을 주신다. 예수님이 우리에게 이런 능력을 주신 것을 믿고 병자를 고치고, 문제를 향하여 믿음으로 기도하고 선포할 때 놀라운 일이 일어난다.

버릴 것을 버리자

결단하고 예수님을 따라가자. 마가복음 1장 18절에 보면 "곧 그물을 버려 두고 따르니라."라고 말하고 있다. 시몬 베드로와 안드레는 곧 그물을 버려두고 예수님을 따랐다고 말한다. 여기서 우리가 주목할 것은 '곧'이라는 단어이다. 특히 마가복음에는 '곧'이란 단어가 자주 등장한다. 그들은 예수님이 말씀하실 때 주저하지 않고 예수님께 순종했고, 예수님을 따랐다. 우리도 주저하지 말고 예수님을 따르자.

의지하던 세상의 것을 내려놓고, 예수님을 의지하자. 베드로는 그물을 버려두고 예수님을 따랐다. 베드로에게 있어서 그물은 그의 생업의 수단이며, 여태까지 그를 살게 한 전부였다. 그는 평생 그 그물을 의지하고 살았다. 그러던 그가 그물을 버린다는 것은 그가 그 그물보다 더 의지하며 살 수 있는 대상을 만났기 때문이다. 그가 그물을 버리고 예수를 따를 수 있었던 것은 갈릴리 바다에서 밤새도록 고기를 잡으려고 그물을 던졌으나 빈 배로 돌아올 수밖에 없었던 그에게 빈 배를 가득 채우신 예수님의 기적을 보았기 때문이다. 그는 예수님을 따르기만 하면 빈 배를 가득 채우신 예수님께서 자신의 인생을 책임져 주실 것을 믿었다. 오늘 우리도 이런 믿음을 가지고 살아야 한다.

오늘 우리는 무엇을 의지하고 살고 있는가? 오늘까지 살아온 것이 내가 지혜롭고 경험이 많으며, 내 그물이 좋아서가 아니라 하나님이 우리의 모든 것을 공급해 주시고, 채워주셨기 때문이라는 사실을 잊지 말자. 우리는 지금까지 하나님의 은혜로 살아왔다. 오늘도 하나님께 모든 것을 내려놓고, 나의 탐욕을 버리고, 오로지 예수님을 따라서 살아가자.

겸손함으로
섬기고 살아라[3]

예수님이 한 회당에 들어가셔서 말씀을 가르치실 때, 사람들은 예수님의 가르침에 놀랐다. 예수님은 당시의 서기관들과 같지 않고, 권위를 가지고 말씀을 가르쳤기 때문이다. 예수님이 이와 같이 놀라운 권위를 가지고 말씀을 가르칠 수 있는 그 원인은 어디에 있는 것일까? 본문이 우리에게 주는 교훈은 무엇일까?

예수님은 자신의 말이 아니라 하나님의 말씀을 가르치셨다

> 나를 사랑하지 아니하는 자는 내 말을 지키지 아니하나니 너희가 듣는
> 말은 내 말이 아니요 나를 보내신 아버지의 말씀이니라(요 14:24)

예수님께서 말씀하시는 그 모든 말씀은 자신의 말이 아니요, 자신을 보내신 하나님 아버지의 말씀이라고 말씀하셨다. 예수님은 기도하는 시간에 하나님의 말씀을 들으셨다. 말씀을 묵상하는 시간에 하나

---

3) 막 1:21-28

님의 음성을 들었다. 그리고 하나님의 말씀을 사람들에게 전하셨다. 예수님의 가르침은 당시의 서기관과 달리 권위가 있는 말씀이셨다.

예수님은 율법의 참된 의미를 가르치셨다. 예수님은 서기관들이나 바리새인들이 율법의 의미를 잘못 알고, 잘못 가르치고 있는 것을 보시고 율법의 원래의 의미를 가르쳐 주셨다. 예를 들면, 이스라엘 백성들은 안식일에는 무조건 아무 일도 하지 말아야 한다고 생각했다. 그러나 예수님은 안식일에는 무조건 일을 하지 않는 날이 아니라 오히려 선한 일을 행하고, 사람들을 살리는 일을 하는 날이라고 가르치셨다.

예수님은 비유로 가르치셨다. 복음서에 보면, 예수님은 수많은 비유를 말씀하셨다. 비유는 두 가지로 다가온다. 하나는 하나님을 향하여 마음이 열려 있는 사람에게는 쉽고 이해하기가 쉽다. 그러나 바리새인들과 같이 마음이 굳어진 사람은 비유의 말씀을 들을 때 오히려 그 말씀을 이해하지 못하고 깨닫지 못하게 한다. 날마다 우리는 좋은 옥토와 같은 마음의 주인이 되어 주님의 말씀을 읽고, 묵상하며 변화를 받아야 한다.

예수님은 이야기를 통하여 가르치셨다. 예수님의 말씀은 재미있었다. 예수님은 "하늘에 나는 새를 보라. 들에 피어 있는 백합화를 보라." 라는 말씀처럼 사물의 예를 들어 말씀을 쉽게 가르치셨다. 당시의 서기관들은 종교적이고, 율법적인 내용으로 말씀을 어렵게 가르쳤다.

예수님은 감동을 주어 결단하게 하셨다. 예수님의 제자들은 예수님이 전한 말씀을 듣고 감동하였다. 제자들이 모든 것을 버리고 예수님을 따르겠다고 결단한 것은 예수님의 말씀에 감동이 있었기 때문이다. 예수님의 말씀에는 놀라운 감동을 주는 능력이 있다. 오늘도 우리가 말씀을 읽고 묵상할 때 예수님은 우리에게 감동을 주신다.

예수님은 권세를 가지고 계신다

예수님이 회당에서 말씀을 전하실 때, 귀신들린 사람이 예수님에 대하여 소리를 지르며 이야기 했다.

> 마침 그들의 회당에 더러운 귀신 들린 사람이 있어 소리 질러 이르되 나사렛 예수여 우리가 당신과 무슨 상관이 있나이까 우리를 멸하러 왔나이까 나는 당신이 누구인 줄 아노니 하나님의 거룩한 자니이다(막 1:23-24)

예수님은 귀신을 쫓아내는 권세를 가지고 계신다. 귀신들린 사람은 예수님이 하나님의 거룩한 자라고 고백했다. 예수님은 자신을 알아보고 소리를 지르는 귀신을 권세를 가지고 쫓아내셨다.

> 예수께서 꾸짖어 이르시되 잠잠하고 그 사람에게서 나오라 하시니 더러운 귀신이 그 사람에게 경련을 일으키고 큰 소리를 지르며 나오는지라
> (막 1:25-26)

예수님에게는 병 고침의 권세가 있다. 예수님은 자신에게 나아오는 모든 사람들의 병을 고쳐주셨다.

큰 무리가 따르거늘 예수께서 거기서 그들의 병을 고치시더라(마 19:2)

오늘도 예수님은 우리의 병도 고쳐주신다. 어떤 병이 있든지 예수님께 가지고 나오면 예수님은 그 병을 고쳐 주신다.

예수님에게는 기적을 베푸시는 권세가 있다. 예수님은 오랜 시간 동안 들판에서 말씀을 전하셨다. 사람들이 허기져 있는 것을 보시고, 예수님은 그들이 집으로 돌아가기 전에 먹이기를 원하셨다.

> 마침 유대인의 명절인 유월절이 가까운지라 예수께서 눈을 들어 큰 무리가 자기에게로 오는 것을 보시고 빌립에게 이르시되 우리가 어디서 떡을 사서 이 사람들을 먹이겠느냐 하시니(요 6:4-5)

예수님은 제자 중에 안드레가 가져온 떡 다섯 개와 물고기 두 마리로 수많은 군중을 먹게 하시는 기적을 행하셨다. 예수님은 단순히 말씀으로만 가르치지 않으시고, 귀신을 쫓아내시고, 병든 자를 고치시고, 기적을 나타내심으로, 권위 있게 가르치셨다.

겸손함으로 서로 섬기고 살라

당시의 서기관들은 겸손하고 섬기는 태도로 사람들을 가르치지 않았다. 겉으로는 하나님의 사랑을 가르치고, 하나님의 은혜의 섬김을 이야기하지만, 그들의 태도에서는 그런 겸손과 섬김을 읽을 수 없었다. 그러나 예수님의 가르침은 달랐다. 예수님은 사랑으로 가르치실 뿐만 아니라 예수님 자신이 겸손하게 제자들과 이웃들을 섬기셨던 분이시다.

> 나는 마음이 온유하고 겸손하니 나의 멍에를 메고 내게 배우라 그리하
> 면 너희 마음이 쉼을 얻으리니(마 11:29)

예수님은 겸손하셨다. 오늘 우리도 하나님의 말씀을 날마다 읽고, 묵상하여 그 하나님의 말씀을 마음에 새기고 살아야 한다. 우리도 주변의 사람들에게 우리가 받은 은혜를 나누어줘야 한다. 우리도 우리 주변의 사람들을 사랑하고, 그들을 주께 대하듯 하고, 겸손하게 사랑으로 섬겨서 하나님의 은혜를 나누며 살아가자.

절망하지 말고
희망을 붙들어라[4]

예수님께 나온 대부분의 사람들은 문제가 많은 사람들이었다. 육신의 질병을 가지고 나온 사람, 자녀가 귀신들려 고통 하는 사람 등 수많은 사람들이 예수님께 문제를 가지고 나왔다. 예수님은 그들의 문제를 들으시고, 그 모든 문제를 해결해 주셨다. 예수님은 오늘도 우리가 문제를 가지고 예수님께 나아갈 때 우리의 문제를 해결해 주시고, 우리의 병도 고쳐주신다. 본문이 우리에게 주는 교훈은 무엇일까?

예수님은 우리의 절망을 희망으로 바꾸신다

우리가 어떤 절망을 가지고 있든지 예수님께 나아가면 예수님은 우리의 절망을 희망으로 바꾸어 주신다.

베드로는 예수님께 절망의 문제를 가지고 나아갔다. 당시 시몬 베드로의 집에는 장모님이 열병에 걸려 사경을 헤매고 있었다.

---

4) 막 1:29-39

시몬의 장모가 열병으로 누워 있는지라 사람들이 곧 그 여자에 대하여
예수께 여짜온대 나아가사 그 손을 잡아 일으키시니 열병이 떠나고 여자
가 그들에게 수종드니라 (막 1:30-31)

시몬 베드로가 예수님을 초대했을 때 예수님은 거절하지 않으시고,
그의 집을 방문하셨다. 예수님은 베드로의 장모가 열병으로 누워있는
것을 보시고 그녀의 손을 잡아 일으키셨다. 그러자 그녀의 열병이 떠
나고 예수님께 수종 드는 여인으로 변화되었다. 예수님은 그 가정의
절망을 희망으로 바꾸어 주셨다. 오늘도 우리는 인생을 살아가면서 절
망의 문제를 만날 때가 있다. 그때 문제 해결자 되시는 예수님을 우리
의 삶에 초대하자. 그곳에 기적이 일어난다.

예수님은 우리의 간구를 들으신다. 본문에 보면, "예수님께 그 여자
에 대하여 여짜온대…"라고 말하고 있다. 그 여인의 병을 고쳐 달라고
예수님께 청한 것이다. 예수님은 그 간구를 들어주셨다. 이것이 우리
가 기도해야 할 이유이다. 예수님께 나아가 우리의 문제를 예수님께
간구하면 예수님은 오늘도 우리의 기도를 응답하신다. 오늘 우리도 인
생을 살아가면서 베드로의 장모의 열병과 같은 질병을 만날 때가 있
다. 삶의 문제에 직면할 때가 있다. 그때가 우리가 예수님께 나아가 간
구할 때다. 예수님께 간구하면 예수님께서 들으시고, 우리의 기도에
응답해 주신다.

예수님은 모든 병을 고쳐 주시고, 귀신을 쫓아내신다. 베드로의 장모
를 치료하신 이야기와 회당에서 귀신을 쫓아낸 소문은 삽시간에 온 동
네에 퍼져나갔다. 그래서 해 질 녘이 되었을 때 사람들은 그 동네의 모

든 병자와 귀신 들린 사람을 예수님께 데리고 나왔다.

> 저물어 해 질 때에 모든 병자와 귀신 들린 자를 예수께 데려오니(막
> 1:32)

예수님은 그들을 고쳐 주셨다. 많은 귀신을 내쫓으셨다. 오늘도 예수님은 각종 병든 사람을 고치신다. 귀신을 내 쫓아 주신다. 예수님을 의지함으로 승리의 삶을 살아가자.

하루를 기도로 시작하라

> 새벽 아직도 밝기 전에 예수께서 일어나 나가 한적한 곳으로 가사 거기
> 서 기도하시더니(막 1:35)

예수님은 아직도 밝기 전 새벽에 일어나서서 한적한 곳에 가서 기도하셨다. 예수님이 새벽에 일어나 기도할 때, 하나님 아버지는 예수님에게 놀라운 은혜를 부어주셨다. 예수님의 사역의 비밀은 새벽 기도에 있었다.

하루의 첫 시간에 하나님께 기도해야 한다. 예수님은 하루의 첫 시간을 먼저 하나님께 드렸다. 새벽은 집중할 수 있는 시간이다. 새벽에 일어나 하나님께 집중하며 기도할 때 하나님은 기뻐하신다. 사람들이 자신의 힘과 능력대로 되지 않음을 인정하고 하나님께 나아가 기도할 때 하나님은 들으시고, 응답해 주신다. 우리도 하루의 첫 시간에 하나

님께 나아가자.

　예수님은 한적한 곳에 가서서 기도했다. 기도할 때 장소도 중요하다. 사람들이 자주 찾아오면 기도에 방해를 받기 때문에 기도에 집중할 수가 없다. 그래서 예수님은 한적한 곳으로 가서서 기도하셨다. 예수님은 하나님께 집중하고, 하나님의 말씀에 귀를 기울였다. 예수님이 간구할 때 하나님은 예수님의 기도에 응답하시고 기적을 베풀어 주셨다.

전도에 힘쓰라

　전도는 예수님이 우리에게 주신 사명이다. 예수님께서 병든 자를 고치시고, 귀신을 쫓아내시니 수많은 사람들이 예수님께 모여들었다. 예수님께 사람들이 모여든 이유 중의 하나는 예수님이 보여주시는 놀라운 병 고침의 기적 때문이었다. 예수님은 기적을 행하신 후에 꼭 전도하셨다. 그 만큼 전도는 중요하다.

> 이르시되 우리가 다른 가까운 마을들로 가자 거기서도 전도하리니 내가
> 이를 위하여 왔노라 하시고(막 1:38)

　오늘 우리도 담대하게 병든 자를 위해서 기도하고, 귀신 들린 사람들이 자유를 얻도록 기도해야 한다. 그와 함께 우리도 매일 복음을 전해야 한다. 하나님이 우리의 영혼을 먼저 구해주신 이유는 우리가 먼저 구원을 받고, 우리도 다른 사람에게 복음을 전하라는 것이다. 누군가가 우리에게 다가와서 복음을 전함으로 우리도 하나님을 믿게 된 것

처럼, 우리도 다른 사람에게 나아가서 그들에게 하나님의 사랑의 복음을 전하고 살아가자. 우리는 인생을 살아가면서 수많은 문제를 만나고 절망한다. 우리는 그 절망의 문제를 가지고 예수님께 나가야 한다. 예수님은 우리의 절망을 희망으로 바꾸어 주시기 때문이다. 예수님이 새벽을 깨우고 새벽에 기도하신 것처럼, 우리도 기도의 사람이 되어 새벽에 기도하자. 매일 전도하여 영혼을 구원하는 삶을 살아서 하나님의 소원을 이루어 드리자.

간절한 기도는
기적을 가져온다⁵⁾

오늘 본문에 보면, 나병으로 고통받는 한 사람의 이야기가 나온다. 당시의 유대인들은 나병은 하늘이 내리는 병이라고 생각했다. 그러나 본문에 보면, 나병 환자가 예수님께 나와 자신의 병을 고쳐달라고 간구할 때 예수님은 그를 불쌍히 여겨 그의 나병을 고쳐주셨다. 본문이 우리에게 주는 교훈은 무엇일까?

간절한 기도는 기적을 가져온다

나병 환자가 그 병에서 고침을 받을 수 있었던 것은 그의 간절한 기도에 있었다.

> 한 나병 환자가 예수께 와서 꿇어 엎드려 간구하여 이르되 원하시면 저
> 를 깨끗하게 하실 수 있나이다(막 1:40)

---

5) 막 1:40-45

하나님은 겸손한 사람에게 은혜를 주신다. 나병 환자는 예수님 앞에 나와서 꿇어 엎드려 자신의 모든 것을 내려놓고 예수님께 간구하는 겸손한 모습을 보여 주었다.

여호와여 주는 겸손한 자의 소원을 들으셨사오니 그들의 마음을 준비하시며 귀를 기울여 들으시고(시 10:17)

예수님께 나온 나병 환자는 예수님께 나올 때 무릎을 꿇었다. 겸손하게 주님께 은혜를 구한 것이다. 다른 곳에서 해결책이 없음을 그는 알고 있었다. 오늘 우리도 하나님께 나아가 겸손하게 간구하자. 주님은 우리가 겸손하게 주님께 나올 때 은혜를 베풀어 주신다.

하나님은 간절한 기도에 응답하신다. 나병 환자는 예수님께 간절히 간구했다. 성경에 보면 수많은 사람들이 문제를 가지고 하나님께 나왔다. 그들이 문제를 해결 받을 수 있었던 이유는 그들이 하나님께 간절하게 간구했기 때문이다. 오늘 우리도 예수님께 나아가 겸손하게 무릎을 꿇자. 간절히 간구하자. 예수님이 나병 환자를 고쳐 주셨듯이 오늘 우리의 문제도 해결해 주신다.

예수님은 우리를 불쌍히 여기신다

예수께서 불쌍히 여기사 손을 내밀어 그에게 대시며 이르시되 내가 원하노니 깨끗함을 받으라 하시니(막 1:41)

예수님은 사람들을 불쌍히 여기신다. 마태복음에 보면 예수님은 사람들을 불쌍히 여기시고 그들의 병을 고쳐 주시고, 그들에게 기적을 베풀어 주셨다.

> 무리를 보시고 불쌍히 여기시니 이는 그들이 목자 없는 양과 같이 고생
> 하며 기진함이라(마 9:36)

예수님은 자신에게 간절히 간구하는 나병 환자를 보시면서 그를 불쌍히 여기셨다. 당시에는 나병에 걸리면 가족들과 격리되어 동네 밖에서 살아야 했다. 예수님은 나병 환자가 가족들에게서 버림받아 살아온 것을 보시고 그를 불쌍히 여기셨다. 예수님은 나병 환자가 가진 죄책감, 수치심과 같은 상한 마음을 보시고 그를 불쌍히 여기셨다.

예수님은 병을 고쳐주시기를 원하신다. 나병 환자는 예수님께 나와서 "나의 병을 고쳐주세요."라고 말하지 않고, "원하시면 저를 깨끗하게 하실 수 있나이다."라고 말했다.

> 한 나병 환자가 예수께 와서 꿇어 엎드려 간구하여 이르되 원하시면 저
> 를 깨끗하게 하실 수 있나이다(막 1:40)

그는 왜 그렇게 말했을까? 왜냐하면 예수님이 자신을 고치시는 것을 원하지 않을 수도 있다는 생각을 하고 있었기 때문일 것이다. 나병 환자는 그동안 수많은 사람들에게 버림받고, 수치를 당하고 살았기 때문에 예수님도 다른 사람들처럼 나병에 걸린 자신을 가까이 하지 않으시고, 고쳐주시기를 원하지 않을 수도 있다는 생각을 했을 것이다. 그

래서 그는 간절히 고침을 받기 원하지만 예수님이 자신을 고쳐주실까? 하는 생각을 했던 것이다. 그의 추측과는 달리 예수님은 그를 고쳐 주시기를 원하셨다.

> 예수께서 불쌍히 여기사 손을 내밀어 그에게 대시며 이르시되 내가 원하노니 깨끗함을 받으라 하시니(막 1:41)

나병 환자를 불쌍히 여기신 예수님은 나병 환자가 치료되기를 원하실 뿐만 아니라 그 나병 환자에게 손을 내밀어 그의 몸에 손을 대셨다. 이것은 놀라운 사건이다. 나병 환자에게는 누구도 손을 대거나 만져서는 안 되는 것이었다. 나병 환자에게 손을 대면 부정해지기 때문이다. 감염이 될지도 모를 일이었다. 그럼에도 불구하고 예수님은 나병 환자를 불쌍히 여기셔서 사랑의 마음으로 그에게 손을 대시고, 그를 어루만져주신 것이다. 나병이 걸린 이후에 나병 환자는 버림받아, 어떤 누구도 그를 만져주지도 않았고, 안아주지도 않았다. 그런 나병 환자를 예수님은 말씀으로만 고쳐주신 것이 아니라 직접 그에게 손을 대시고 그를 위로해 주신 것이다.

오늘도 예수님은 우리를 불쌍히 여기시고, 우리의 모든 기도와 간구를 들어주시기를 원하신다. 우리의 모든 문제를 해결해 주시기를 원하신다. 담대하게 예수님께 나아가 예수님께 모든 문제를 맡기자. 주님이 응답해 주신다.

주님이 주신 기쁨은 감출 수 없다

예수님은 자신이 나병 환자를 고친 이야기를 다른 사람에게 말하지 말도록 나병 환자에게 엄히 경고 하셨다. 자신이 치료한 것이 소문이 나면 예수님의 사역에 문제가 될 수 있기 때문이다. 그러나 나병 환자는 자신이 경험한 이 놀라운 기쁨을 감추어 둘 수 없었다. 그는 자신에게 일어난 이 놀라운 소식을 사람들에게 전파했다. 사람들은 뭔가 좋은 일이 있고, 기쁜 일이 있으면 벌써 얼굴에 다 나타난다. 기쁨을 감출 수 없기 때문이다. 오늘 우리도 놀라운 소식을 가지고 있지 않은가? 우리가 가진 이 놀랍고 기쁜 소식을 나만 간직하고 살지 말자. 우리 주변에 있는 사람들에게 날마다 전하고 살아가자.

우리는 문제를 만나고 어려움을 만날 때 오늘 본문의 나병 환자처럼 겸손하고, 간절함으로 주님께 나가서 간구해야 한다. 예수님은 우리를 늘 불쌍히 여겨 주신다. 그 은혜에 감사하며 살아가자. 예수님을 만난 그 놀라움과 기쁨은 감출 수가 없다. 예수님의 기쁨의 소식을 늘 전하며 살아가시기를 바란다.

믿음은
기적을 가져온다[6]

　　예수님은 '가버나움'이라는 동네의 회당에서 귀신을 쫓아내시고, 베드로의 장모를 치료하시고, 나병 환자를 고치셨다. 예수님이 병자를 고치신다는 소문은 삽시간에 '가버나움'에 퍼져 나갔다. 그 소문을 듣고 예수님께 들것에 실려서 왔던 한 중풍병자는 예수님께 고침을 받고 자신의 발로 걸어서 돌아갔다. 어떻게 그는 그와 같이 기적적으로 치료를 받을 수 있었을까? 놀라운 기적의 이야기가 오늘의 본문에 기록되어 있다. 본문이 우리에게 주는 교훈은 무엇일까?

간절한 소원을 가지고 예수님께 나아가자

　　예수님은 우리가 간절한 소원과 꿈을 품고 살아갈 때 우리의 소원과 꿈을 이루어 주신다. 가버나움에서 중풍병으로 고통받는 한 사람은 예수님이 어떤 병도 고쳐주신다는 소문을 들었다. 그 순간 그는 예수님이 자신의 병도 고쳐 주시면 얼마나 좋을까? 하는 소원을 갖게 되었

---

6)　막 2:1-12

다. 그러나 중풍병자는 예수님께 나올 수 없었다. 그는 중풍병을 앓고 있어서 자신의 힘으로 걸어서 예수님께 나올 수 없었기 때문이다. 그러나 그는 예수님께 나아가 자신의 병을 고쳐달라고 하면 예수님이 고쳐주실 것을 믿었다. 그는 친구들에게 연락을 했다. 자신을 들것에 실어서 예수님이 계신 가버나움으로 한번만 데려다 달라고 했다. 중풍병자 친구의 소원을 듣고 친구들은 그의 간절한 소원을 들어주기로 했다. 그들은 들것을 준비해서 중풍병자 친구를 그 들것에 실어서 예수님이 계신 가버나움의 집으로 갔다.

간절한 소원을 가지고 기도하면 하나님은 환경의 문을 열어 주시고, 도울 사람들을 보내주신다. 오늘도 우리가 간절한 소원과 꿈을 가지고 하나님께 나아가면 하나님은 그 소원과 꿈을 이루어 줄 사람들을 만나게 해 주신다.

> 내게 구하라 내가 이방 나라를 네 유업으로 주리니 네 소유가 땅 끝까지
> 이르리로다(시 2:8)

오늘 우리도 간절한 소원이 있는가? 간절한 소원을 품고 예수님께 나아가자.

예수님이 문제를 해결해 주실 것을 믿자

중풍병자가 예수님께 나올 때 그에게는 예수님이 자신을 치료해 주실 것을 믿는 믿음이 있었다. 예수님은 귀신을 쫓아내고, 병을 치료하시는 능력이 있다고 그는 들었다. 그래서 그는 예수님이 자신의 중풍

도 고칠 수 있다고 믿었다.

> 믿음의 주요 또 온전하게 하시는 이인 예수를 바라보자 그는 그 앞에 있
> 는 기쁨을 위하여 십자가를 참으사 부끄러움을 개의치 아니하시더니 하나
> 님 보좌 우편에 앉으셨느니라(히 12:2)

예수님은 믿음의 주인이시고, 우리가 예수님을 믿을 때 우리를 온전
케 하신다. 우리는 살아가면서 수많은 문제를 만나고, 병에 걸리기도
한다. 그러나 예수님은 우리가 예수님께 믿음으로 나아가고 예수님을
믿고 바라볼 때, 우리를 치유하시고 온전케 해 주신다. 중풍병자가 예
수님께 고침 받을 수 있었던 것은 예수님께 믿음으로 나왔기 때문이
다. 예수님은 중풍병자와 그 친구들의 믿음을 보셨다.

> 예수께서 그들의 믿음을 보시고 중풍병자에게 이르시되 작은 자야 네
> 죄 사함을 받았느니라 하시니(막 2:5)

친구들이 중풍병자를 들것에 실어 가버나움의 예수님이 계신 집에
가보니 그곳에는 이미 수많은 사람들로 가득 차서 그 집에 들어갈 수
가 없었다. 그렇다고 그들은 실망하거나 포기하지 않았다. 언제 예수
님을 다시 만날지도 모르는 상황이었기 때문에 중풍병자와 친구들은
예수님이 계신 집의 지붕을 뜯기로 했다. 지붕을 뜯어서라도 예수님을
만나겠다는 간절함이 그들에게 있었다. 그들은 어떤 대가를 지불하더
라도 예수를 만나야겠다고 생각했다. 예수님을 만나기만 하면 고침을
받을 것이라는 믿음이 그들에게 그런 행동을 하도록 한 것이다. 예수
님은 그들의 담대한 믿음의 행동을 지켜보고 계셨다. 오늘도 믿음은

기적을 가져온다.

믿음이 있고 의심치 않으면 산을 명하여 바다로 던져지라고 해도 그대로 된다. 기도할 때 무엇이든지 믿고 구하면 다 받게 된다. 오늘 우리도 이와 같이 하나님을 믿고, 믿음으로 예수님께 나아가 모든 문제를 해결 받고 병 고침을 받자.

예수님은 죄를 사하시는 하나님의 아들이시다. 예수님은 중풍병자에게 네 죄 사함을 받았다고 선포하셨다. 이것을 들은 주변의 사람들은 충격을 받았을 것이다. 죄 사함은 하나님만이 하실 수 있는 것이다. 그런데 예수님이 중풍병자의 죄를 사했다고 말씀하시니, 주변의 사람들이 예수님을 신성 모독이라고 말했던 것이다. 어떻게 사람이 죄를 사할 수 있는가? 하는 것이다. 예수님은 왜 죄 사함을 선포하셨을까? 그냥 중풍병자를 고쳐주시기만 하면 되지 않았을까?

예수님은 이 사건을 통하여 예수님이 죄를 사할 수 있는 권세를 가지신 하나님의 아들이신, 성자 예수님이신 것을 선포하기를 원하신 것이다.

> 그러나 인자가 땅에서 죄를 사하는 권세가 있는 줄을 너희로 알게 하려
> 하노라 하시고(막 2:10)

우리는 예수님이 누구신지를 제대로 알아야 한다. 기적을 행하시는 놀라운 능력이 있는 분 정도로 알아서는 안 된다. 예수님은 가버나움에서 중풍병으로 고통당하는 사람을 치유하시면서 자신이 중풍을 치

유하시는 기적의 주님일 뿐만 아니라 죄를 사하시는 하나님의 아들이라는 것을 알려주고 계셨다.

오늘 우리는 예수님을 누구로 알고 있는가? 우리의 문제를 해결하시는 분, 우리의 기도를 응답하시는 분, 우리의 병을 고치는 분 정도로 알고 계신가? 그 정도로 알아서는 안 된다. 예수님은 하늘과 땅을 지으신 하나님의 아들이시다. 예수님은 우리의 모든 죄를 사하실 권세를 가지신 분이시다. 예수님은 우리의 모든 죄와 가난과 저주와 질병을 짊어지시고, 십자가에서 죽으심으로 우리의 죄를 용서하시고, 우리에게 영원한 생명과 천국을 선물로 주신 분이다. 예수님께 모든 것을 맡기고, 믿음으로 살아가자.

오늘 우리도 본문에 나온 중풍병자처럼 마음의 병으로, 육신의 병으로, 가정과 직장과 삶의 현장에서 다가오는 수많은 문제로 힘들어하고 어려움 가운데 있을 때가 있다. 그러나 어떤 순간에도 포기하지 말고 소원을 가지고 예수님이 모든 문제를 해결해 주실 것을 믿고 담대하게 예수님께 나아가자. 오늘도 예수님은 우리의 간구를 들으시고 우리의 문제를 해결해 주신다.

예수님은 우리의
모든 것을 아신다[7]

　　예수님 당시에 이스라엘 사람들 가운데는 엄격한 신분의 구분이 있었다. 이스라엘 백성들 가운데 가장 무시를 당하고 죄인으로 취급 받는 사람들은 세리와 창기와 같은 사람들이었다. 어느 날 예수님께서 길을 가시다가 세리 레위가 세관에 앉아 있는 것을 보시고, 그에게 "나를 따르라." 하시니 세리 레위는 예수님의 부르심에 감격하여 예수님을 따르게 되었다. 예수님은 세리 레위의 집에 가서서 그와 함께 식사를 하셨다. 바리새인들과 서기관들은 예수님의 이런 행동이 이해가 되지 않았다. 바리새인들과 서기관들은 세리들과 같은 죄인들과 식사를 하는 것은 상상할 수 없는 일이었기 때문이다. 예수님은 왜? 당시의 사람들이 죄인이라고 하는 세리를 제자로 부르신 것일까? 본문이 우리에게 주는 교훈은 무엇일까?

---

7)　막 2:13-17

예수님은 우리를 알고 계신다

또 지나가시다가 알패오의 아들 레위가 세관에 앉아 있는 것을 보시고
그에게 이르시되 나를 따르라 하시니 일어나 따르니라 (막 2:14)

예수님이 세리 레위를 찾아오시고 그를 부르신 이유는 세리로 살아
가면서 절망하고 살아가던 레위의 아픔을 알고 계셨기 때문이다. 당시
에 세리는 사람들에게 지탄을 받는 직업이었다. 사람들은 세리를 죄인
으로 불렀으며 그런 사람과는 대화를 하려고 하지도 않았다. 세리는
유대인들에게 세금을 걷어 로마정부에 바치며 돈을 벌었다. 세리들은
돈은 있는지 모르지만 자신들을 죄인으로 취급하는 자신들의 처지가
절망스러웠을 것이다. 그런 레위를 예수님이 찾아오셔서 그를 제자로
부르신 것이다. 예수님은 그의 모든 갈등과 아픔을 알고 계셨다. 그리
고 그에게 "나를 따르라."라고 말씀하셨다.

레위에게 이것은 놀라운 은혜였다. 자신과 같은 사람을 구원의 길로
초대해 주고 자신과 함께 식사를 하자고 했던 어떤 종교인도 없었다.
바리새인도 서기관도 자신을 보면 그저 무시하고 지나갔을 뿐이었다.
그러나 자신을 따르라고 말씀하시는 예수님을 보면서 레위는 감격했
다. '나도 구원을 받을 수 있구나. 나 같은 죄인도 하나님은 버리지 않
으셨구나!' 그런 감동이 그의 마음에 밀려왔다. 이제까지 어떤 종교인
도 자신에게 구원의 길을 제시해 준 사람이 없었지만, 예수님은 레위
를 찾아오시고 그를 예수님의 제자로 부르셨기 때문이다.

죄인 레위를 부르시고 그를 초대하신 예수님은 오늘도 죄와 절망 가운
데 살아가는 우리를 찾아오신다. 예수님은 우리를 초대하신다. 우리를
찾아오신 예수님은 우리에게 쉼을 주시고 평안을 주신다.

예수님은 우리를 긍휼히 여기신다

그의 집에 앉아 잡수실 때에 많은 세리와 죄인들이 예수와 그의 제자들
과 함께 앉았으니 이는 그러한 사람들이 많이 있어서 예수를 따름이러라

(막 2:15)

예수님은 우리를 긍휼히 여기신다. 예수님은 세리 레위를 부르셨을
뿐만 아니라 그의 집에 들어 가셨다. 이것은 깜짝 놀랄 일이다. 예수님
이 세리 레위의 집에 들어갔다는 의미는 세리 레위의 모든 죄를 용서
하시고, 그를 인정하고 받아들여 주신다는 것을 의미하는 것이었다.
세리 레위는 여태까지 살아오면서 어떤 사람에게도 인정을 받아본 적
이 없었다. 죄인이라고 손가락질을 당하고, 죄책감과 수치심 속에서 살
아왔다. 그러나 예수님은 있는 그대로 레위를 인정해 주시고 그를 긍
휼히 여기셨다.

오늘도 예수님은 우리를 그렇게 받아들여주신다. 예수님은 우리의
과거를 묻지 않으신다. 예수님은 우리의 신분을 묻지 않으신다. 우리의
있는 모습 그대로 인정하시고, 있는 모습 그대로 우리를 사랑하신다.

예수님은 레위의 마음을 회복시켜 주기를 원하셨다. 예수님은 레위
의 집에 들어가서서 그와 함께 식사하셨다. 사람들이 같은 식탁에서
식사를 한다는 것은 많은 의미가 있다. 당시의 사람들은 자신과 신분
이 같은 사람과 식사를 했다. 사람들은 일반적으로 죄인이나 세리와
같은 사람과는 식사를 하지 않았다. 그런데 예수님은 레위와 식사를
하셨다. 예수님은 단순히 레위를 부르셨을 뿐만 아니라 레위의 마음을
회복시켜 주시기를 원하신 것이다. 그의 마음속의 깊은 상처와 아픔

을 예수님은 보고 계셨다. 이제는 레위가 더 이상 사람들에게 따돌림을 당하는 사람이 아니라 그도 하나님이 사랑하시고 품으시는 사람이라는 것을 알게 해 주시고, 예수님 안에서 새로운 피조물이 되었음을 행동으로 보여주신 것이다.

"너도 괜찮은 사람이다. 너 스스로를 더 이상 죄인이라고 정죄하고 살지 말아라."라고 선포하신 것이다. "어떤 죄인도 하나님께 나오면 그 모든 죄에서 자유로움을 받을 수 있다! 하나님이 주시는 놀라운 사랑 안에 거하라!" 이런 놀라운 메시지가 레위와 같이 식사를 하시는 예수님의 식탁에 있었다. 오늘 예수님은 우리를 예수님의 식탁으로 초대하신다. 우리의 과거를 묻지 않으시고, 우리의 연약함을 붙들어 주기를 원하시는 주님이 우리를 예수님의 식탁으로 초대해 주신다.

예수님은 우리의 의사가 되신다. 예수님은 마음이 병들고, 육신이 병든 사람을 치유해 주시기 위해서 오셨다. 예수님은 영혼의 의사가 되시고, 육신의 의사가 되신다.

> 예수께서 들으시고 그들에게 이르시되 건강한 자에게는 의사가 쓸 데 없고 병든 자에게라야 쓸 데 있느니라 나는 의인을 부르러 온 것이 아니요 죄인을 부르러 왔노라 하시니라(막 2:17)

지금도 인생을 살아가면서 사람들은 마음이 병든 채 살아가고 있다. 그런 사람들을 위하여 예수님이 오셨다. 누구든지 어떤 상한 마음이 있든지, 예수님께 나오면 예수님이 치료해 주셨다. 예수님은 오늘 우리도 이렇게 살기를 원하신다. 우리 주변에 마음의 상처로 힘들어 하는 사람이 있지 않은가? 우리 주변에 육신의 질병으로 고통 가운데 있는 사람이 있지 않은가? 우리 주변에 삶의 곤고함으로 고난 가운데 있는 사람은 있지 않은가? 그들을 향해서 손을 펴자. 예수님이 레위를 찾아가신 것처럼, 우리의 주변에 하나님의 은혜를 모르고 살아가는 이웃들에게 다가가 그들을 품어주자.

예수님은 오늘도 우리의 연약함을 알고 계신다. 예수님은 죄인일지라도 예수님께 나오는 모든 사람들을 용서해 주시고, 그들에게 기회를 주신다. 예수님은 영혼과 육신의 의사가 되신다. 오늘 우리도 예수님께 나아가자. 수고하고 무거운 짐을 모두 예수님께 맡기자. 예수님의 부르심에 순종하며, 예수님을 따라서 살아가자.

새 포도주는 새 부대에 넣어라[8]

유대인들은 율법과 전통을 아주 중요하게 생각한다. 경건한 유대인들은 전통적으로 일주일에 이틀은 꼭 금식을 하고, 기도하는 시간을 갖는 것을 중요하게 여겼다. 그러나 당시에 예수님의 제자들은 금식하지 않았다. 그래서 오늘 본문에 보면, 유대인들은 예수님의 제자들이 왜 금식을 하지 않는지 질문을 했다.

> 요한의 제자들과 바리새인들이 금식하고 있는지라 사람들이 예수께 와
> 서 말하되 요한의 제자들과 바리새인의 제자들은 금식하는데 어찌하여
> 당신의 제자들은 금식하지 아니하나이까(막 2:18)

예수님은 그 질문에 대한 대답으로 오늘 본문의 말씀을 주셨다. 본문이 우리에게 주는 교훈은 무엇일까?

---

8) 막 2:18-28

예수님과 함께 하는 것은 기쁨의 축제이다

예수님은 왜? 제자들이 금식을 하지 않는가? 하는 질문을 들으시고, 한 비유의 말씀을 해 주셨다.

> 예수께서 그들에게 이르시되 혼인 집 손님들이 신랑과 함께 있을 때에
> 금식할 수 있느냐 신랑과 함께 있을 동안에는 금식할 수 없느니라(막 2:19)

예수님은 "혼인 집 손님들이 신랑과 함께 있을 때에 금식할 수 있는가?"라고 물으셨다. 결혼식에 가서 금식하는 사람은 없다. 결혼식은 일생에 있어서 가장 많은 사람들이 모여 기쁨으로 신랑과 신부를 축하해 주는 날이고, 사람들과 함께 맛있는 음식을 나누는 날이기 때문이다. 이 비유는 예수님이 교회를 신부로 맞이하기 위하여 오신 신랑이라는 것이며, 기쁨을 주러 이 세상에 오셨다는 것이다. 결혼식에 참석한 신랑의 친구들이 금식하지 않고 음식을 먹고, 기뻐하는 것처럼 예수님의 제자들은 예수님과 함께 기쁨으로 축제의 삶을 살고 있기 때문에 지금은 금식하지 않고 있다고 말씀하신 것이다. 예수를 믿는 것은 기쁨이다. 예수를 믿는 것은 축제이다.

바울은 "항상 기뻐하라.(살전 5:16)"라고 말한다. 오늘 우리는 예수를 믿으면서 넘치는 기쁨을 가지고 살고 있는가? 예수님은 우리를 사랑하셔서 우리를 위하여 십자가에서 죽으시고, 사흘 만에 부활하셔서 우리에게 기쁨을 주셨다. 누구든지 예수님을 믿기만 하면 죄에서 자유를 주신다. 성령의 권능을 베풀어 주신다. 가난과 저주에서 자유롭게 하시고, 아브라함의 복을 주신다. 육신의 병을 치료해 주시고, 영원한

천국의 소망을 주신다. 오늘 예수님은 우리에게 기쁨을 선물로 주셨다. 날마다 그런 기쁨이 넘치는 삶을 살아가자.

예수님은 우리에게 새로운 교훈을 주신다

예수님은 새 포도주는 새 부대에 넣어야 한다고 말씀하셨다.

> 새 포도주를 낡은 가죽 부대에 넣는 자가 없나니 만일 그렇게 하면 새 포도주가 부대를 터뜨려 포도주와 부대를 버리게 되리라 오직 새 포도주는 새 부대에 넣느니라 하시니라(막 2:22)

새 포도주는 발효를 하는 힘이 강하다. 그래서 낡은 가죽 부대에 포도주를 담으면 새 포도주의 발효하는 힘이 강해서 낡은 가죽 부대를 터지게 만든다. 그렇게 되면 가죽부대도 버리고 포도주도 모두 버리게 된다. 그래서 새 포도주는 새 부대에 넣으라는 것이다. 이 말씀은 무엇을 의미하는가? 새 포도주는 예수님이 주시는 새로운 교훈을 의미한다. 예수님은 왜? 하나님이 이스라엘 백성들에게 율법을 주셨는지 그 근본적인 이유를 가르쳐 주시기를 원하셨다. 하나님이 인간에게 율법을 주신 이유는 사람들이 하나님의 말씀에 순종하고, 하나님을 사랑하고 예배하며, 이웃을 자신과 같이 사랑하고 섬기라는 것이다. 율법의 근본정신은 하라, 하지 말라가 아니라 하나님이 주신 사랑으로 하나님을 사랑하고 예배하며, 이웃을 사랑하며 살라는 것이다.

피차 사랑의 빚 외에는 아무에게든지 아무 빚도 지지 말라 남을 사랑하
는 자는 율법을 다 이루었느니라(롬 13:8)

오늘 우리는 성경을 읽고, 묵상하며, 말씀을 따라서 살아야 한다. 그
러나 우리가 알아야 할 것은 무엇을 하든지 사랑으로 하라는 것이다.
우리는 자신도 모르게 이기적이고, 나 중심의 삶을 살고 있지 않은가?
우리는 매일 사랑의 마음으로 이웃들을 사랑하며 살아야 한다.

안식일의 정신을 잊지 말라

예수님의 제자들이 안식일에 밀밭 길을 가다가 시장하여 밀 이삭을
잘라 먹은 것이 문제가 되었다. 안식일에는 일하지 말라고 율법은 말
했음에도 불구하고, 제자들은 밀 이삭을 잘라 먹은 것은 안식일에 하
지 말아야 할 일을 한 행위라는 것이다. 바리새인들은 집요하게 예수
님의 제자들의 잘못을 지적했다. 예수님의 제자들이 밀밭에서 안식일
에 추수를 했다는 것이다. 그들의 이야기를 들은 예수님은 바리새인들
에게 안식일의 참된 의미를 알려주셨다.

다윗이 시장하여 아비아달 제사장에게 가서 먹을 것을 구하니, 제사
장은 배고파하는 다윗에게 제사장 외에는 먹을 수 없는 성전에 드린
떡을 주어 다윗도 먹고 그와 함께 한 사람들에게도 나누어 주어 먹게
하였다는 말씀을 하셨다. 왜? 제사장은 제사장만 먹을 수 있는 성전에
진열해 둔 떡을 다윗에게 주었는가? 배가 고픈 다윗의 청을 거절할 수
없었기 때문이다. 평소에는 제사장만 먹을 수 있는 떡이지만, 아비아

달 제사장은 배고픈 다윗을 불쌍히 여기며, 사랑의 마음으로 그 떡을 다윗에게 나누어 주었던 것이다. 사랑과 긍휼은 율법을 초월하는 것이다. 오늘 우리도 안식일에 대한 예수님의 해석에 귀를 기울여야 한다. 안식일은 무조건 일을 하지 않고 무조건 움직이지 않는 날이 아니라 오히려 사랑을 실천하고 연약한 사람들을 사랑으로 돌보는 날이 되어야 한다.

하나님은 율법을 지키지 않으면 무조건 벌하시는 하나님이 아니다. 사람들이 어려움을 당했을 때는 사랑의 법으로 이웃을 돌보라는 것이 참 율법의 정신이다. 오늘 우리도 주변의 고통 받고, 어려움 가운데 살아가는 사람들을 사랑으로 품어주며 살아가자.

안식일은
그냥 쉬는 날이 아니다[9]

　예수님은 안식일에 회당에 가서서 말씀을 전하셨다. 한 번은 갈릴리의 회당에 가셨는데 그 회당에 한 손이 마른 사람이 있었다. 사람들은 예수님이 안식일에 병자를 고치는가 살펴보고 있는데 예수님은 그런 것에 개의치 않으시고, 그 한 손이 마른 병자를 고쳐주셨다. 바리새인들과 서기관들은 예수님이 안식일을 어겼다고 그를 죽일 방법을 찾았다. 왜? 예수님은 안식일에 병자를 고쳐서 바리새인들의 비판의 대상이 되게 된 것일까? 본문이 우리에게 주는 교훈은 무엇일까?

안식일에도 선을 행하자

　사람들은 안식일은 일하지 않고 아무것도 하지 않는 날이라고 생각하고 있었지만 예수님은 오히려 안식일에는 선을 행하고, 생명을 살리는 일을 하는 날이라고 가르치셨다.

---

9)　막 3:1-12

> 그들에게 이르시되 안식일에 선을 행하는 것과 악을 행하는 것, 생명을
> 구하는 것과 죽이는 것, 어느 것이 옳으냐 하시니 그들이 잠잠하거늘(막 3:4)

안식일은 선을 행하여 사랑을 실천하는 날이다. 하나님은 안식일에 우리가 하나님을 예배하는 사랑을 실천하고, 우리 주변에 고통받는 이웃들에게 사랑을 베푸는 날로 삼으라는 것이다. 하나님은 우리가 선을 행하며 살기를 원하신다.

> 여호와를 의뢰하고 선을 행하라 땅에 머무는 동안 그의 성실을 먹을 거
> 리로 삼을지어다(시 37:3)

안식일은 생명을 살리는 날이다. 우리 주변에 지금도 육적으로 영적으로 죽어가는 사람들이 많이 있다. 그래서 우리는 안식일에 이웃들에게 복음을 전하여 그들을 예수님께로 인도하여 그들이 구원을 받도록 해야 한다. 우리는 안식일을 어떻게 지내고 있는가? 안식일은 무조건 아무것도 안하고 쉬는 날이 아니라 하나님을 예배하고, 선을 행하고, 생명을 살리는 날이 되어야 한다.

믿음으로 순종하면 기적이 일어난다

예수님은 한 손 마른 병자를 보시고 그의 손을 내밀라고 말씀하셨다.

> 그들의 마음이 완악함을 탄식하사 노하심으로 그들을 둘러 보시고 그 사
> 람에게 이르시되 네 손을 내밀라 하시니 내밀매 그 손이 회복되었더라(막 3:5)

놀랍게도 병자에게 손을 내밀라고 하니 그가 순종하여 손을 내밀 때, 그 손이 회복되고 고침 받는 기적이 일어나게 되었다. 여기서 우리는 두 가지 중요한 사실을 볼 수 있다.

예수님은 병든 자의 고통을 주목하고 계신다. 안식일에 예수님이 병자를 고치신 것은 사람들 가운데 논란이 될 행동이었다. 바리새인들이 예수님이 안식일에 병자를 고치는 것을 보고 예수님에게 문제를 제기하려고 했기 때문이다. 그러나 예수님은 바리새인들의 행동에 신경쓰지 않으셨다. 예수님의 관심사는 오직 병든 사람의 고통을 제거해 주는 것이었다. 예수님은 다음날까지 기다리지 않으셨다. 안식일이지만 그날 그의 병을 고쳐주신 것이다. 병든 사람은 하루 빨리 고통에서 자유를 얻기 원하는 것을 알고 계시기 때문이다. 예수님은 오늘도 우리의 고통을 알고 계신다. 우리 가정의 문제의 고통을 알고 계시고, 우리의 육신의 질병의 고통도 알고 계신다. 오늘 우리가 어떤 문제를 가지고 나오더라도 예수님은 우리의 문제를 해결해 주시고, 우리의 병을 고쳐주신다.

믿음으로 순종할 때 기적이 일어난다. 예수님은 병자에게 손을 내밀라고 말씀하셨다. 예수님이 그에게 명령하실 때 그 병자는 순종했다.

> 그들의 마음이 완악함을 탄식하사 노하심으로 그들을 둘러 보시고 그
> 사람에게 이르시되 네 손을 내밀라 하시니 내밀매 그 손이 회복되었더라
>
> (막 3:5)

예수님이 손을 내밀라면 내밀어야 한다. 예수님의 말씀을 듣고 믿음

으로 순종할 때 기적이 일어나게 되는 것이다. 요한복음 9장에 보면, 예수님께서 길을 가다가 날 때부터 맹인인 한 사람을 보셨다. 예수님은 그 사람을 불쌍히 여기서서 그의 눈을 뜨게 해주기를 원하셨다. 그래서 그의 눈에 진흙을 짓이겨 바르시고, 그에게 실로암에 가서 씻으라고 말씀하셨다. 예수님이 맹인에게 명령할 때 그 맹인은 그 말씀에 순종하여 실로암까지 갔다. 그 맹인은 과거에 실로암에 가본 적이 없었을 것이다. 그는 여러 가지 못 갈 이유를 생각할 수도 있었을 것이다. 그러나 그는 예수님의 말씀에 순종하기로 결단했다. 예수님의 말씀에 순종하여 실로암에 가서 씻으니 그의 눈이 보이게 된 것이다.

오늘 우리도 성경의 말씀을 읽고 묵상하면서 그 말씀에 순종하며 살아가자. 순종하는 사람에게 오늘도 기적이 일어난다.

예수님이 계시는 곳에 하나님의 나라가 있다

예수님에게 수많은 사람들이 모여들었다. 예수님이 나병 환자를 치료하시고, 귀신을 쫓아내시고, 중풍병자를 고치시고, 손 마른 자를 고쳤다는 소문은 삽시간에 이스라엘 전역에 퍼져나갔다. 그러자 수많은 사람들이 갈릴리로 모여들었다. 예수님은 모여든 사람에게게서 귀신을 쫓아내주시고, 저들의 모든 병을 고쳐주셨다. 예수님은 왜 그렇게 귀신을 쫓아내시고, 병든 자를 고쳐주신 것일까? 예수님은 사람들에게 하나님의 나라가 그들에게 임한 것을 보여주시기를 원하셨다. 사람들에게 하나님의 나라는 보이지 않는다. 그러나 예수님께서 귀신을 쫓아내고 병든 자를 고칠 때, 사람들은 그곳에 하나님의 나라가 임한 것을 알게 되었다. 주변에서 귀신들려 고통 받던 사람들이 귀신에서 자유를 얻고, 병들어 고통 가운데 있는 사람들이 병 고침을 받는 것을 보면서, 사랑의 하나님이 자신들과 함께 하셔서 자신들의 병든 몸을 고쳐 주시는 것을 보게 된 것이다. 오늘도 하나님의 나라는 멀리 있지 않다. 우리가 기도하고 예배하는 그 자리에 하나님의 나라가 있다. 우리도 담대하게 귀신을 쫓아내고 병든 자를 치료하며 하나님의 나라 안에서 살아가자.

하나님이 안식일을 주신 것은 우리가 일주일의 하루는 안식하며 하나님을 예배하고 이웃을 사랑으로 돌보라는 것이다. 우리도 예수님의 말씀에 순종하여 주변의 고통받는 이웃들을 자유롭게 하고, 하나님의 나라 가운데 살아가자.

제자가 되라[10)

예수님은 하나님의 아들로서 전능하신 분이시다. 그러나 예수님은 전능하심에도 불구하고 혼자서 모든 일을 하지 않으시고, 제자들을 부르서서 그들을 훈련시키시고, 그들에게 사역을 맡겨 주셨다. 오늘 본문은 예수님이 제자들을 부르신 이유를 설명해 주고 있다. 본문이 우리에게 주는 교훈은 무엇일까?

예수님은 약한 사람을 부르신다

예수님이 제자로 부르신 사람들을 보면 그다지 좋은 배경을 가진 사람이 없다. 예수님의 제자들은 요즘의 기준으로 본다면 자격 미달로 보일 수도 있을 것이다. 마태는 세리로서 당시 사람들의 기준으로 보면 지탄을 받는 죄인중의 죄인이고, 베드로는 갈릴리 바다에서 고기를 잡는 어부였다. 바울은 고린도 교회의 교인들에게 편지하면서 하나님이 세우신 교회의 지도자들을 볼 때 지혜로움, 능함, 문벌 좋은 사람

---

10)   막 3:13-19

들이 많지 않다고 고백했다. 하나님은 약한 사람들을 들어서 강한 사람을 부끄럽게 하시고, 하나님의 일꾼으로 세워 쓰신다.

> 그러나 하나님께서 세상의 미련한 것들을 택하사 지혜 있는 자들을 부끄럽게 하려 하시고 세상의 약한 것들을 택하사 강한 것들을 부끄럽게 하려 하시며(고전 1:27)

하나님은 약한 사람을 부르셔서 그들에게 사명을 주시고, 놀라운 일을 감당하게 하셨다. 예수님은 오늘도 약한 사람을 불러 일을 맡기신다. 하나님은 약한 사람을 통하여 놀라운 일을 이루게 하셔서 하나님께 영광을 돌리게 하신다. 우리는 스스로가 약하다고 실망하지 말자. 약할수록 하나님을 의지하고 살아가자.

예수님은 우리와 함께 있기를 원하신다

> 이에 열둘을 세우셨으니 이는 자기와 함께 있게 하시고 또 보내사 전도도 하며(막 3:14)

예수님의 사역 가운데 가장 중요한 사역은 하나님과 함께하는 시간을 갖는 것이었다. 예수님은 새벽 이른 시간에 일어나서 따로 하나님과 교제했다. 왜 그러셨을까? 하나님을 사랑하기 때문이다. 사랑하는 하나님과 하루를 시작하면서 가장 이른 시간에 교제하기를 원해서였다. 우리는 사랑하는 사람과 같이 있기를 원한다. 같이 있으면 시간이 가는 줄을 모른다. 사랑하면 보고, 봐도 또 보고 싶다. 예수님은 하나님과 그런 교제의 시간을 가지셨다. 예수님은 제자들과도 그런 교제의 시간을 가지기를 원하셨고, 우리와도 그런 교제의 시간을 갖기를 원하신다. 우리도 매일 새벽에 일어나 먼저 예수님과 함께하는 시간을 가져야 한다. 우리는 매일 말씀을 읽고 묵상하며 예수님과 함께 있어야 한다. 우리는 매일 예배하고 찬양하며 예수님과 함께 있어야 한다. 예수님은 우리가 예수님과 함께 시간을 가지며 사랑의 교제를 나누기를 원하신다. 우리가 매일 주님과 함께할 때 주님은 우리에게 은혜를 공급해 주신다. 우리는 내 힘으로 사는 것이 아니다. 예수님이 우리에게 공급해 주시는 힘으로 살아가는 것이다.

예수님은 우리에게 전도의 사명을 주신다

예수님은 하나님의 소원을 이루어 드리기를 원하셨다. 하나님의 소원이 무엇인가? 인류 모든 사람들이 하나님께 돌아와 구원을 받는 것이다.

> 이것이 우리 구주 하나님 앞에 선하고 받으실 만한 것이니 하나님은 모든
> 사람이 구원을 받으며 진리를 아는 데에 이르기를 원하시느니라(딤전 2:3-4)

예수님은 전도자의 삶을 사셨다. 왜 전도가 중요한가? 그것은 누군가 전도를 할 때 그 복음을 듣고 하나님께 돌아올 수 있기 때문이다.

> 이르시되 우리가 다른 가까운 마을들로 가자 거기서도 전도하리니 내가
> 이를 위하여 왔노라 하시고(막 1:38)

우리가 전도할 때, 사람들은 하나님의 풍성한 사랑을 알게 된다. 우리가 전도할 때, 사람들은 자신이 죄인인 것을 알게 된다. 우리가 전도할 때, 사람들은 예수님의 공로로 우리가 구원을 받게 되는 것을 알게 된다. 우리가 전도할 때, 사람들은 하나님의 자녀가 되는 놀라운 복을 갖게 된다. 그래서 예수님은 가는 곳마다 전도하시고 제자들에게 전도할 것을 가르쳐 주셔서 복음을 전하게 하신 것이다. 요나서에 보면, 앗수르의 니느웨 사람들이 회개할 수 있었던 것은 요나의 전도가 있었기 때문이라고 말한다. 전도가 없으면 구원의 길도 발견할 수 없다.

예수님은 우리에게도 권능을 주신다

귀신을 내쫓는 권능도 가지게 하려 하심이러라(막 3:15)

예수님이 제자들을 부르신 중요한 이유 중의 하나는 귀신을 내쫓는 권능을 주시기 위해서였다. 귀신은 사람들에게 수많은 문제를 주고 어려움을 준다. 남편과 아내에게 갈등을 주고, 자녀에게 문제를 주고, 물질적인 문제로 힘들게 한다. 인간관계에서 서로의 관계를 깨뜨리며 삶에 어려움을 준다. 그래서 예수님은 가시는 곳마다 귀신을 쫓아내시고, 사람들에게 귀신을 쫓아내는 권능을 주신 것이다.

믿는 자들에게는 이런 표적이 따르리니 곧 그들이 내 이름으로 귀신을 쫓아내며 새 방언을 말하며(막 16:17)

우리는 날마다 예수를 믿음으로 귀신을 쫓아내고, 병든 자를 고치고, 예수님이 주신 권능을 사용하여 하나님의 영광을 돌리는 삶을 살아야 한다.

예수님이 우리를 부르신 것은 단순하게 우리에게 일을 맡기시기 위해서가 아니다. 예수님은 우리가 매일 예수님의 말씀을 듣고, 예수님과 교제하여 많은 열매를 맺기를 원하신다. 예수님이 주시는 전도의 사명을 감당하며 영혼을 구원하고, 귀신을 쫓아내는 권능을 주셔서 승리하는 신앙인이 되기를 원하신다. 우리 모두 이런 신앙인이 되자.

2장

세상에
빛을 비추며 살자

어떤 일이 있어도 성령을 모독하지 말라[11]

어느 날 예수님의 친족들이 예수님을 붙들러 나왔다. 예수님이 미쳤다는 것이다. 예수님의 가족들은 어머니 마리아 외에는 예수님이 이 땅에 구원을 베풀러 오신 메시아이심을 알지 못했다. 며칠 전까지만 해도 열심히 가족들을 부양하던 예수님이 아니었나? 예수님이 요단강에 가서 세례를 받으신 후 자신이 하나님의 아들이라고 말하며 갈릴리 주변의 동네들을 다니면서 귀신을 쫓아내고, 병든 자를 고치고, 하나님 나라의 복음을 전하는 것을 친족들은 이해할 수 없었을 것이다.

예수님의 친족들이 예수님이 미쳤다고 붙들러 나오니, 바리새인들과 서기관들은 그 기회를 사용하여 예수님이 귀신들렸다고 주장했다. 본문이 우리에게 주는 교훈은 무엇일까?

성령을 모독하지 말자

예수님은 자신이 귀신들려 귀신들을 쫓아낸다는 바리새인들과 서기

---

11) 막 3:28-35

관들의 이야기를 들으시고 그들이 단지 예수님을 비난하는 것이 아니라 성령을 모독하는 것이라고 말씀하셨다.

> 내가 진실로 너희에게 이르노니 사람의 모든 죄와 모든 모독하는 일은 사하심을 얻되 누구든지 성령을 모독하는 자는 영원히 사하심을 얻지 못하고 영원한 죄가 되느니라 하시니 (막 3:28-29)

일반적인 죄는 사함을 받는다. 예수님이 이 땅에서 하신 중요한 사역 중의 하나는 사람들의 죄를 사하시는 것이다. 모든 사람이 죄를 범하여 하나님의 영광에 이르지 못하였다. 그러나 예수님은 우리의 모든 죄를 짊어지시고, 대신 죽으심으로 우리의 모든 죄를 사하셨다. 우리가 어떤 죄를 가지고 있을지라도 예수님께 나아가 예수님을 구주로 믿고 우리의 모든 죄를 고백하면 예수님은 우리의 모든 죄를 용서해 주신다.

사함을 받지 못하는 죄도 있다. 성령을 모독하는 죄는 사함을 받지 못한다. 예수님이 이 땅에 오셔서 수많은 사람에게서 귀신을 쫓아내고, 병든 자를 고치셨다. 그러나 이 모든 사역은 예수님이 스스로 하신 것이 아니다. 예수님은 이 모든 사역을 성령과 함께 하신 것이다.

> 그러나 내가 만일 하나님의 손을 힘입어 귀신을 쫓아낸다면 하나님의 나라가 이미 너희에게 임하였느니라 (눅 11:20)

> 하나님이 나사렛 예수에게 성령과 능력을 기름 붓듯 하셨으매 그가 두루 다니시며 선한 일을 행하시고 마귀에게 눌린 모든 사람을 고치셨으니 이는 하나님이 함께 하셨음이라 (행 10:38)

예수님이 귀신을 쫓아내는 것을 귀신의 힘을 빌어서 쫓아냈다고 말하는 것은 성령을 귀신에게 비유하는 것이 되어 성령을 훼방하는 죄를 짓게 되는 것이다. 이와 같이 성령을 훼방하면 그 죄는 사함을 받지 못한다. 우리는 이와 같이 자신도 모르게 하나님의 성령을 훼방하는 죄를 지어서는 안 된다.

귀신을 결박하고 쫓아내라

귀신을 결박하고 쫓아내야 할 이유는 귀신은 사람들에게 와서 도적질하고 죽이고 멸망시키는 일을 하기 때문이다.

귀신은 빼앗아 가는 존재이다. 귀신은 사람들에게서 분별력을 빼앗아 간다. 거라사의 귀신 들린 사람의 이야기를 읽어보면, 귀신은 사람에게 와서 분별력을 빼앗아 가는 것을 알 수 있다. 사람들이 귀신이 들리면 분별력을 잃어버린다. 그래서 옷을 입지 않아도 창피한 것도 모르고, 옷을 아무데서나 벗고, 머리를 빗지 않고, 세수를 하지도 않는다. 더러워도 분별력이 없어서 자신이 더러운 줄도 모른다.

귀신은 기쁨과 희망을 빼앗아간다. 거라사에 귀신 들린 사람은 무덤가에서 살고 있었다. 무덤은 기쁨도 없고, 희망도 없는 곳이다. 거라사의 귀신 들린 사람은 가족들에게 큰 아픔이었을 것이다.

예수님은 귀신을 결박하고 빼앗긴 것을 돌려주신다. 귀신은 우리에게서 많은 것을 빼앗아 가지만, 예수님은 귀신을 쫓아내시고 우리가 빼앗긴 모든 것을 돌려주시기를 원하신다. 예수님은 가시는 곳마다 귀신을 쫓아내서서 잃어버린 기쁨과 희망을 사람들에게 돌려주셨다.

> 예수께서 그의 열두 제자를 부르사 더러운 귀신을 쫓아내며 모든 병과
> 모든 약한 것을 고치는 권능을 주시니라(마 10:1)

우리도 귀신을 결박하고 쫓아내며 귀신에게 빼앗겼던 것을 모두 되찾고 기쁨과 희망이 넘치는 삶을 살아가자.

하나님의 뜻을 행하며 살자

예수님이 한 집에서 말씀을 하고 계실 때, 바깥에 예수님의 어머니, 예수님의 동생들이 와서 예수님을 불렀다. 그래서 사람들은 예수님께 당신의 어머니와 동생들과 누이들이 밖에서 찾는다고 이야기 했다. 그러자 예수님은 누가 내 어머니이며 동생들이냐고 물으셨다.

> 대답하시되 누가 내 어머니이며 동생들이냐 하시고 둘러 앉은 자들을
> 보시며 이르시되 내 어머니와 내 동생들을 보라 또는 형제들 누구든지 하
> 나님의 뜻대로 행하는 자가 내 형제요 자매요 어머니이니라(막 3:33-35)

여기서 하나님의 뜻대로 행하는 것이란 무엇인가? 먼저 그의 나라와 그의 의를 구하며 사는 것이다.

그런즉 너희는 먼저 그의 나라와 그의 의를 구하라 그리하면 이 모든

것을 너희에게 더하시리라(마 6:33)

날마다 하나님께 기도로 하루를 시작하며 예배자로 살아가야 한다. 날마다 하나님의 말씀을 읽고 묵상하며 그 말씀을 순종하며 살아가는 것이다. 날마다 하나님이 원하시는 영혼 구원을 위하여 복음을 선포하고 전도하는 것이다. 우리도 하나님의 나라와 의를 구하며 살아가자.

우리는 성령을 훼방하는 죄를 범하지 말아야 한다. 우리는 사람들을 괴롭히는 귀신의 세력을 결박하고 쫓아내야 한다. 우리는 날마다 하나님의 뜻을 행하며 살아가고, 기도와 말씀 묵상에 힘쓰고, 복음을 전하며 살아가자.

마음 밭이 좋아야 좋은 열매도 맺는다[12]

　예수님은 때로 비유로 말씀을 하셨다. 예수님은 주변에 있는 사물에 비유하여 하나님의 나라를 설명해 주셨다. 예수님의 비유는 들을 귀가 있는 사람에게는 쉽고 즐거운 말씀이었으나, 예수님의 말씀에 귀가 열려 있지 않은 사람에게는 어려운 말씀이었다. 예수님이 오늘 본문의 씨 뿌리는 비유의 말씀을 통하여 우리에게 주시는 은혜는 무엇일까? 본문이 우리에게 주는 교훈은 무엇일까?

매일 말씀을 묵상하자

　예수님이 말씀하시는 씨앗은 말씀을 의미한다. 농부가 밭에 나가서 씨앗을 뿌리듯이 우리는 늘 우리의 마음 밭에 말씀의 씨앗을 뿌려야 한다.

---

12)　막 4:1-9

복 있는 사람은 악인들의 꾀를 따르지 아니하며 죄인들의 길에 서지 아
니하며 오만한 자들의 자리에 앉지 아니하고 오직 여호와의 율법을 즐거
워하여 그의 율법을 주야로 묵상하는도다(시 1:1-2)

복이 있는 사람은 하나님의 말씀을 즐거워하고, 주야로 묵상하며 날마다 말씀의 열매를 맺어가는 사람이다. 그는 시냇가에 심겨진 나무가 열매를 맺는 것처럼 하나님의 말씀을 읽고 묵상하는 사람에게는 그 말씀이 열매를 맺게 된다. 하나님의 말씀을 매일 읽고 묵상하면 그 순간에 말씀의 씨앗이 우리 안에서 자라서 열매를 맺어간다. 사랑, 기쁨, 화평, 자비, 양선, 충성, 온유, 절제와 같은 열매를 맺어간다.

마음 밭을 점검하라

씨를 뿌릴 때, 어떤 밭에 씨를 뿌리는가 하는 것은 아주 중요하다. 예수님은 말씀의 씨를 뿌리는 네 가지 종류의 밭에 대하여 말씀하셨다. 우리가 어떤 마음의 밭을 가지고 있는가에 따라서 좋은 열매를 맺기도 하고, 그렇지 못하기도 하다.

길가와 같은 마음이 아닌지 점검해야 한다. 길가는 밭 옆의 딱딱한 땅을 말한다. 길가는 많은 사람들이 오가며 다져져서 단단하게 굳어진 땅이다. 씨 뿌리는 사람이 씨를 뿌리다가 길가와 같이 딱딱한 땅에 씨앗이 떨어졌다.

말씀이 길 가에 뿌려졌다는 것은 이들을 가리킴이니 곧 말씀을 들었을
때에 사탄이 즉시 와서 그들에게 뿌려진 말씀을 빼앗는 것이요(막 4:15)

길가와 같이 단단한 마음은 말씀이 뿌리를 내릴 수 없는 단단한 마음 밭을 말한다. 길가에 떨어진 씨앗은 하늘의 새가 노리고 있다. 씨앗이 길가에 떨어지기가 무섭게 새는 내려와서 그 씨앗을 먹어버린다. 우리가 굳고 단단한 마음이 되어서 살아갈 때 사탄이 와서 우리의 마음 밭에 뿌려진 씨앗이 뿌리를 내릴 시간도 없이 그 말씀을 빼앗아가 버리는 것을 의미한다. 우리는 우리의 마음이 길가와 같다면 그 마음 밭을 경작해야 한다. 우리의 마음이 나도 모르게 단단해져서 말씀을 읽고 듣고 묵상해도 그때뿐이고 그 말씀이 열매를 맺지 못한다면 그 마음을 갈아엎어야 한다.

우리는 매일 기도와 말씀으로 마음의 밭을 갈아엎어서 단단한 마음을 부드러운 마음으로 바꾸어야 한다. 그런 부드러운 마음 밭에 말씀의 씨가 떨어질 때 열매 맺는 삶을 살 수 있게 되는 것이다.

돌밭과 같은 마음이 아닌지 점검해야 한다. 씨 뿌리는 자가 나가서 씨를 뿌릴 때 어떤 씨앗은 돌이 많은 곳에 떨어지게 되었다. 돌밭은 흙이 돌밭 표면에 있어서 언뜻 보기에는 씨를 뿌리기에 좋은 장소처럼 보이지만, 실상은 씨앗이 뿌리를 내리려고 하다 그 밑에 돌이 있어서 결국은 뿌리를 내리지 못하게 되는 마음의 상태를 말한다.

또 이와 같이 돌밭에 뿌려졌다는 것은 이들을 가리킴이니 곧 말씀을 들을 때에 즉시 기쁨으로 받으나 그 속에 뿌리가 없어 잠깐 견디다가 말씀으로 인하여 환난이나 박해가 일어나는 때에는 곧 넘어지는 자요(막 4:16-17)

말씀의 뿌리가 없는 사람은 환난이나 핍박이 다가오면 믿음을 지키지 못하고 곧 쓰러진다. 그러나 말씀이 깊은 뿌리를 내리고 있으면 어떤 시험과 환란이 다가와도 믿음으로 환난을 이기게 되는 것이다. 하나님의 말씀은 우리가 문제로 인하여 두려워할 때 위로를 주시고 믿음을 주신다. 하나님이 함께 하시니 두려워하지 말라고 말씀하신다. 하나님을 의지하고 살아갈 때, 하나님이 붙들어 주신다는 것이다.

가시떨기 밭과 같은 마음이 아닌지 점검해야 한다. 씨 뿌리는 자가 씨를 뿌릴 때 어떤 씨는 가시떨기 밭에 떨어진다. 가시떨기 밭에 뿌려진 씨앗도 처음에는 싹을 내고 자란다. 그러나 좀 자라다가 가시떨기가 해를 가리고 있고, 가시떨기로 인해서 모든 영양분을 빼앗기게 되어 결국은 시들어 버리게 된다. 가시떨기 밭은 말씀을 듣기는 하지만 그 마음이 염려와 재물의 유혹과 욕심으로 가득하여 말씀이 열매를 맺지 못하는 마음을 말한다. 그래서 예수님은 우리에게 모든 염려와 욕심을 버리라고 말씀하신다. 염려하고 재물의 유혹과 욕심을 가지고 살아가는 대신에 우리가 할 것은 믿음으로 기도하는 것이다. 기도로 우리의 모든 문제를 예수님께 맡겨야 한다. 우리가 기도하면 예수님은 우리의 어떤 문제도 들어 주시고, 응답해 주시고, 열매 맺는 삶을 살게 해 주신다.

좋은 밭과 같은 마음이 되어야 한다

씨 뿌리는 사람이 씨를 뿌릴 때 좋은 밭에 씨를 뿌리면 그 씨는 곧 뿌리를 내리고 자라서 열매를 맺게 된다. 좋은 밭은 길가와 같이 단단하지 않은 부드러운 마음이요, 돌밭과 같이 씨앗이 뿌리 내리지 못하도록 하는 돌을 걷어낸 마음이요, 가시떨기를 제하여 해가 잘 들어올 수 있도록 경작된 마음 밭이다. 이와 같이 잘 경작된 좋은 밭에 씨앗이 뿌려지면 좋은 열매를 맺게 된다.

우리는 마음 밭을 잘 점검하고 경작해야 한다. 매일 같이 기도와 말씀으로 마음의 밭을 경작하여 단단한 마음 밭을 갈아엎어야 한다. 마음속에 단단한 돌멩이와 같이 믿음을 방해하는 두려움을 버리고, 환난과 핍박을 두려워하지 말아야 한다. 가시떨기와 같이 믿음을 방해하는 요소를 제거하고, 염려와 유혹을 이기고 좋은 열매를 많이 맺으며 살아가자.

빛을 감추어두지 말고 비추어라[13]

예수님은 제자들에게 하나님의 나라에 대하여 자주 말씀하시고, 여러 가지 비유를 들어서 가르쳐 주셨다. 오늘 본문에도 예수님은 하나님의 나라의 비밀을 등불, 인생의 결산을 맞이한 일꾼, 씨앗의 비유를 통하여 가르쳐 주셨다. 본문이 우리에게 주는 교훈은 무엇일까?

등불을 높이 들어 세상에 빛을 비추자

예수님이 등불의 비유를 말씀하신 이유는 하나님의 나라는 밝은 빛으로 충만하다는 것이다. 등불을 평상 아래에 감추어 두기 위해서 켜는 사람은 아무도 없다. 등불은 높이 들어 멀리 비추기 위해서 존재한다.

> 또 그들에게 이르시되 사람이 등불을 가져오는 것은 말 아래에나 평상
> 아래에 두려 함이냐 등경 위에 두려 함이 아니냐(막 4:21)

---

13) 막 4:21-32

하나님은 우리에게 등불을 비추어 주서서 우리를 흑암의 권세에서 벗어나 그의 아들의 나라, 빛의 나라에서 살게 하셨다.

> 그가 우리를 흑암의 권세에서 건져내사 그의 사랑의 아들의 나라로 옮
> 기셨으니(골 1:13)

하나님께서 우리에게 원하시는 것은 우리가 가진 그 등불을 감추어 두지 말고, 높이 들어 어둠 속에 살아가는 사람들에게 비추어 주어 그들이 빛 가운데 살도록 해주라는 것이다.

섬김의 등불을 높이 들자. 예수님이 이 땅에 오신 것은 섬김을 받으려는 것이 아니고, 섬기려고 오셨다고 말씀하셨다. 예수님은 섬기시되, 자신의 목숨을 주시기까지 섬기셨다.

> 인자가 온 것은 섬김을 받으려 함이 아니라 도리어 섬기려 하고 자기 목
> 숨을 많은 사람의 대속물로 주려 함이니라(마 20:28)

복음의 등불을 높이 들자. 하나님은 우리가 받은 빛을 다른 사람들에게 비추어 하나님을 알지 못하는 사람들이 구원을 받기를 원하셨다.

> 주께서 이같이 우리에게 명하시되 내가 너를 이방의 빛으로 삼아 너로
> 땅 끝까지 구원하게 하리라 하셨느니라 하니(행 13:47)

우리가 먼저 받은 복음의 등불을 감추어 두지 말고, 높이 들어서 어둠 가운데 살아가는 사람들에게 비추어 영혼 구원의 사명을 감당하고

살아가자.

누구나 인생 결산의 날이 온다

예수님은 마태복음 25장의 달란트 비유를 통해서 누구나 인생 결산의 날이 온다는 것을 알려주셨다.

> 다섯 달란트 받았던 자는 다섯 달란트를 더 가지고 와서 이르되 주인이
> 여 내게 다섯 달란트를 주셨는데 보소서 내가 또 다섯 달란트를 남겼나이
> 다 그 주인이 이르되 잘하였도다 착하고 충성된 종아 네가 적은 일에 충성
> 하였으매 내가 많은 것을 네게 맡기리니 네 주인의 즐거움에 참여할지어
> 다 하고(마 25:20-21)

한 주인이 멀리 가면서 종들에게 각각 달란트를 맡겼다. 달란트는 저울로 다는 무게의 단위이자 화폐의 단위이다. 나라와 시기에 따라서 단위가 달라지는데, 신약시대의 한 달란트는 약 20.4kg 정도로서 약 6,000 데나리온에 해당되었다. 한 사람의 노동자가 하루에 한 데나리온을 받을 때, 약 16년 동안 일해서 받을 수 있는 임금이 6,000 데나리온이다. 그러므로 한 달란트는 엄청나게 큰돈이다. 주인은 종들 가운데 어떤 사람에게는 한 달란트를 또 다른 사람에게는 두 달란트를, 또 다른 사람에게는 다섯 달란트를 맡겼다. 오랜 후에 주인이 돌아와서 종들과 결산을 했다. 다섯 달란트를 받은 사람은 다섯 달란트를 더 남겼다고 주인에게 보고했다. 주인은 기뻐하며 그를 "착하고 충성된 종"이라고 불렀다. 그가 적은 일에 충성했으니 더 큰 것을 맡기겠다고 말

했다. 다섯 달란트를 남긴 종은 어떻게 그렇게 많은 달란트를 남길 수 있었을까? 그는 주인이 맡긴 것을 가지고 '즉시' 가서 열심히 일하여 많은 것을 남겼다. 이 이야기는 우리의 이야기이다. 하나님은 우리가 이 땅에 태어날 때 우리 각자에게 합당한 달란트를 맡겨 주셨다. 우리에게 시간, 돈, 건강, 지혜 등과 같은 달란트를 맡기셨다. 우리는 맡은 달란트를 묻어두지 말고, 즉시 가서 열심히 일해야 한다. 그럴 때 많은 달란트를 남길 수 있다. 그러나 한 달란트를 받은 사람은 주인에게 한 달란트만 가져왔다. 주인의 재물을 잘못 관리하여 잃어 버릴까봐 두려워 달란트를 감추어 두었기 때문이다. 사용하지 않고 묻어둔 달란트는 아무런 열매를 맺을 수 없다.

우리는 인생을 살아가면서 두려워하지 말자. 우리에게 하나님이 맡겨주신 달란트를 감추어 두지 말자. 인생을 적극적으로 살아가자. 할 수 있다. 하면 된다. 해보자! 라는 생각을 가지고 살아가자.

하나님이 자라게 하신다

하나님의 나라는 땅에 심겨진 씨앗이 자라는 것과 같다. 땅에 심겨진 씨앗은 자란다. 농부가 땅에 씨를 뿌린 후 시간이 지나고 나면 결국 그 씨는 자라서 많은 열매를 맺게 된다.

> 또 이르시되 하나님의 나라는 사람이 씨를 땅에 뿌림과 같으니 그가 밤 낮 자고 깨고 하는 중에 씨가 나서 자라되 어떻게 그리 되는지를 알지 못 하느니라(막 4:26-27)

여기서 중요한 것이 있다. 그것은 '씨앗을 심어야 자라고 열매를 맺는다'는 단순하고도 중요한 진리이다. 아무리 좋은 씨앗을 가지고 있어도 그 씨앗을 자루에 담아놓고, 그 씨앗을 심지 않으면 아무런 열매를 맺을 수 없다는 것이다. 그래서 우리는 부지런히 씨앗을 심어야 한다. 우리는 기도의 씨앗을 심을 때 응답을 받는다. 말씀 묵상의 씨앗을 심을 때 믿음이 생긴다. 복음전파의 씨앗을 심을 때 영혼들이 구원을 받게 된다. 사랑의 헌신의 씨앗을 심어 이웃들을 섬길 때 많은 이웃들에게 기쁨을 줄 수 있다. 이와 같이 하나님이 자라게 하실 것을 믿고, 믿음으로 씨앗을 심고 살아가자.

우리는 빛을 감추어 두지 말고, 날마다 어둠 가운데 살아가는 사람들에게 비추어야 한다. 내게 맡겨진 달란트를 사용하여 좋은 열매를 맺어야 한다. 우리가 심은 한 알의 씨앗이 놀랍게 자라서 많은 열매를 맺는 것처럼 부지런히 씨앗을 심고 믿음으로 살아가야 한다. 하나님이 열매를 맺게 하여 주신다.

누구에게나
풍랑은 다가온다[14]

　사람들은 인생을 살아가면서 예상치 않은 위기를 만날 때가 있다. 그런 위기를 만날 때 사람들은 두려움에 빠진다. 그러나 성경은 우리가 인생의 어떤 위기를 만나더라도 두려워하지 말라고 말한다. 하나님이 늘 우리와 함께 하시고, 위기의 순간에도 하나님이 우리를 떠나지 않으시기 때문이다. 이사야서 41장 10절은 "두려워하지 말라 내가 너와 함께 함이라 놀라지 말라 나는 네 하나님이 됨이라 내가 너를 굳세게 하리라 참으로 너를 도와주리라 참으로 나의 의로운 오른손으로 너를 붙들리라."라고 말하고 있다. 우리는 이런 믿음을 가지고 살아야 한다. 우리의 삶에 어떤 어려움이 있든지 하나님이 우리를 떠나지 않으시고, 버리지 않으신다는 것을 믿고 살자. 본문이 우리에게 주는 교훈은 무엇일까?

---

14)　막 4:35-41

인생의 위기는 누구에게나 있다

오늘 본문에 보면, 예수님은 갈릴리 바다에서 배에 오르셔서 말씀을 가르치시고, 말씀이 끝나자 제자들과 함께 갈릴리 바다를 건너가자고 말씀하셨다.

> 그 날 저물 때에 제자들에게 이르시되 우리가 저편으로 건너가자 하시
> 니(막 4:35)

예수님은 갈릴리 바다를 배를 타고 자주 건너 다니셨다. 그 이유는 갈릴리 바다의 해변 길을 따라서 걸어가면 많은 거리를 돌아가기 때문에 건너편까지 가려면 시간이 많이 걸리고, 예수님이 배를 타고 계시는 시간이야 말로 예수님이 쉴 수 있는 시간이 되기 때문이었다.

어느 날 예수님과 제자들이 같이 탄 배가 갈릴리 바다를 건너갈 때 예상치 못한 큰 광풍이 일어났다. 제자들은 처음에는 대수롭지 않게 생각을 했을 것이다. 제자들 가운데는 갈릴리에서 어부를 생업으로 하고 있었던 베드로와 같은 제자들이 있었기 때문이다. 갈릴리에서 이런 종류의 풍랑은 자주 왔다가 지나가는 풍랑이기 때문이다. 그러나 이번에는 달랐다. 점점 풍랑이 심해지고 배가 좌초될 위기에 이르게 되었기 때문이다. 우리의 인생에도 이와 같이 예상치 못한 때에 문제와 위기의 풍랑이 다가와서 삶을 송두리째 흔들어 놓을 때가 있다. 그러나 어떤 문제와 위기가 있다고 해도 그 위기 가운데 인생의 배에 예수님이 함께 타고 계신다는 사실을 잊지 말아야 한다. 예수님이 인생의 풍랑을 우리와 함께 통과하고 계신다.

문제 가운데도 평강을 잃지 말라

오늘 본문에 보면, 예수님은 배 고물에서 베개를 베고 주무시고 있었다.

> 큰 광풍이 일어나며 물결이 배에 부딪쳐 들어와 배에 가득하게 되었더
> 라(막 4:37)

예수님은 광풍이 불어서 배에 물이 들어오는데도 여유 있게 주무시고 계셨다. 사람들은 문제가 있고, 어려움이 있으면 잠이 안 온다. 그런데 예수님은 배에 물이 들어와도 주무셨다. 예수님은 위기 가운데도 평안을 잃지 않고 계신 것이다. 예수님은 어떻게 그런 상황에서도 평안을 잃지 않을 수 있었을까? 예수님은 아무리 위기가 다가와도 그 순간에도 하나님이 함께하시고, 자신을 돌보고 계심을 믿었기 때문이다. 예수님은 수고하고 무거운 짐, 모든 풍랑을 하나님께 맡기고 살았다. 그러니 아무리 풍랑이 다가와도 평안하게 주무실 수 있었던 것이다. 오늘 우리도 모든 문제를 예수님께 맡기고, 이런 평안을 가지고 살아가자. 우리의 인생에 문제가 없는 것이 아니다. 어려움이 없는 것이 아니다. 그러나 하나님이 우리와 함께 하시니, 하나님이 우리를 인도하시니, 모든 문제를 하나님께 맡기고, 평안을 가지고 살아갈 수 있다.

예수님은 우리를 돌보신다. 제자들은 예수님께 나가서 예수님을 깨우며 우리가 죽게 된 것을 돌보지 않으시냐고 외쳤다.

예수께서는 고물에서 베개를 베고 주무시더니 제자들이 깨우며 이르되

선생님이여 우리가 죽게 된 것을 돌보지 아니하시나이까 하니(막 4:38)

제자들은 열심히 물을 퍼내고 애쓰고 있는데 예수님은 주무시고 계시니 하는 말이었다. 그러나 예수님은 그 순간에도 그들을 버리지 않으시고 돌보고 계셨다. 그런 위기에서 제자들이 어떻게 대처하고 있는지를 보고 계셨던 것이다. 위기의 순간에도 예수님의 눈은 우리를 향하고 계신다.

믿음으로 광풍을 대적하라

기도는 기적을 가져온다. 예수님은 일어나시자마자 제자들이 보는 앞에서 광풍을 향해서 꾸짖으셨다.

예수께서 깨어 바람을 꾸짖으시며 바다더러 이르시되 잠잠하라 고요하

라 하시니 바람이 그치고 아주 잔잔하여지더라(막 4:39)

예수께서는 바람을 꾸짖으셨다. 바다더러 이르시되 "잠잠하라, 고요하라!"라고 외치셨다. 그러자 놀라운 일이 일어났다. 세차게 불던 바람이 그치고 갈릴리 바다가 잔잔하게 된 것이다. 제자들은 모두 놀라 입을 다물지 못했을 것이다. "아니! 이런 일이! 그냥 말씀만 하는데 바람이 말을 듣는구나? 어떻게 이런 일이 가능한가?" 예수님은 풍랑이는 바다에서 제자들이 고난을 당하는 것을 보시면서도 가만히 있었던 이유가 여기에 있었다. 제자들이 믿음으로 그 바람과 바다의 위기를 극

복하기를 원하셨던 것이다. 제자들도 바다와 바람을 향해서 명하면 그 바람과 바다가 잔잔해질 것이기 때문이다. 예수님은 제자들에게 주신 기도의 능력을 사용하기를 원하셨다.

구하라 그리하면 너희에게 주실 것이요 찾으라 그리하면 찾아낼 것이
요 문을 두드리라 그리하면 너희에게 열릴 것이니(마 7:7)

오늘도 우리가 믿음으로 구하고, 찾고, 두드리면 하나님이 그 문을 열어주신다. 믿음으로 기도하면 기적이 일어난다. 파도를 잔잔케 하고 위기의 광풍을 멈추게 할 수 있다.

자신을 과소평가하지 말자. 제자들은 바람과 파도를 무서워할 필요가 없었다. 예수님이 하시는 일을 자신들도 할 수 있었기 때문이다. 예수님은 그들에게 그렇게 할 수 있는 권세를 주셨다.

이에 제자들에게 이르시되 어찌하여 이렇게 무서워하느냐 너희가 어찌
믿음이 없느냐 하시니(막 4:40)

제자들은 자신들을 과소평가 하고 있었다. 그런 일은 예수님만 하시는 것이지 자신들은 할 수 없을 것이라고 생각했다. 틀렸다! 예수님을 믿으면 무엇이든지 할 수 있다. 하나님은 하나님의 자녀들에게 놀라운 능력을 주셨다. 우리도 자신을 과소평가 하지 말아야 한다. 우리는 하나님의 자녀이다. 하나님은 하나님의 자녀들에게 놀라운 권세를 주셨음을 잊지 말자.

우리는 인생을 살아가면서 수많은 위기를 만난다. 그러나 어떠한 위기의 풍랑이 다가와도 하나님이 우리와 함께 하심을 믿고, 평안을 잃어버리지 말아야 한다. 예수님은 우리에게 풍랑을 잠잠케 할 수 있는 권능을 주셨다는 사실을 잊지 말아야 한다.

귀신을 쫓아내라[15)

　에수님은 갈릴리 바다에서 풍랑을 잠잠케 하시고 거라사인의 지방에 도착하셨다. 예수님이 배에서 내리자마자 귀신 들린 사람이 예수님께 달려 나왔다. 그는 귀신 들려 무덤 사이에서 소리를 지르며 돌로 자기의 몸을 해하며 살고 있었다. 가족을 떠나서 홀로 그렇게 귀신들려 살아가는 것이 얼마나 고통스러웠겠는가? 예수님은 그 사람에게서 귀신을 쫓아내주시고, 그에게 새로운 인생을 선물로 주셨다. 본문이 우리에게 주는 교훈은 무엇일까?

귀신은 인생을 도둑질한다

　귀신의 특징은 사람들에게 도둑질하고 죽이고 멸망시키는 것이다.

> 도둑이 오는 것은 도둑질하고 죽이고 멸망시키려는 것뿐이요 내가 온 것은 양으로 생명을 얻게 하고 더 풍성히 얻게 하려는 것이라 (요 10:10)

---

15)　막 5:11-20

귀신은 사람에게서 기쁨을 도둑질한다. 거라사인의 지방의 귀신 들린 사람에게는 기쁨이 없었다. 그는 무덤 사이에 살면서 괴로워서 늘 소리를 지르고 살았다. 그러나 예수님은 그에게 찾아오셔서 괴로움을 제거해 주시고, 참된 기쁨과 평안을 주셨다. 오늘 우리도 예수님을 믿으면 우리의 삶에 슬픔과 고통이 사라지고, 참된 기쁨과 평안이 넘치는 삶을 살게 해 주신다.

귀신은 사람들을 더럽게 만들고 관계를 깨뜨린다. 귀신은 사람들이 더러운 말을 하게 만들고, 그 말을 들은 사람들에게 상처를 주어서 관계를 깨뜨린다. 그래서 귀신 들린 사람과 주변의 사람 사이에는 관계가 깨져서 대부분의 사람들이 떠나간다. 귀신은 사람들에게 와서 그 인생을 마이너스가 되게 한다. 기쁨을 빼앗아 가고, 관계를 깨뜨리고 절망 속에서 살게 하고, 고통 속에서 살게 하기 때문이다.

예수 이름으로 귀신을 쫓아내라

우리는 우리의 삶 가운데 매일 귀신을 쫓아내야 한다. 예수님의 이름으로 명할 때 귀신은 떠날 수밖에 없다.

예수님은 제자들에게 귀신을 쫓아내는 권능을 주셨다. 예수님은 제자들에게 귀신을 쫓아내는 권능을 주셔서 제자들에게 오는 수많은 사람들에게서 귀신을 쫓아내게 하셨다.

예수께서 그의 열두 제자를 부르사 더러운 귀신을 쫓아내며 모든 병과

모든 약한 것을 고치는 권능을 주시니라(마 10:1)

예수님은 믿는 사람들에게 귀신을 쫓아낼 수 있는 권세를 주셨다. 예수님은 제자들에게 귀신을 쫓아내는 권세를 주셨을 뿐만 아니라 우리에게도 귀신을 쫓아낼 수 있는 권세를 주셨다.

믿는 자들에게는 이런 표적이 따르리니 곧 그들이 내 이름으로 귀신을

쫓아내며 새 방언을 말하며(막 16:17)

우리가 예수님의 이름으로 명령할 때 귀신은 떠날 수밖에 없다. 예수님이 믿는 자들에게 이런 표적이 따르도록 권세를 주셨기 때문이다. 우리도 담대하게 믿음으로 귀신을 향하여 명령하여 귀신을 쫓아내야 한다.

성령을 의지할 때 귀신을 쫓아낼 수 있다. 예수님도 성령과 함께 귀신을 쫓아내셨다. 오늘 우리도 성령을 의지할 때 성령의 권능으로 귀신이 떠나간다.

하나님이 나사렛 예수에게 성령과 능력을 기름 붓듯 하셨으매 그가 두

루 다니시며 선한 일을 행하시고 마귀에게 눌린 모든 사람을 고치셨으니

이는 하나님이 함께 하셨음이라(행 10:38)

귀신은 예수의 이름 앞에 무릎을 꿇고 순종한다. 오늘 우리의 삶에도 수많은 귀신들이 역사하고 있다. 우리는 매일 귀신을 향하여 담대

하게 명하여 쫓아내어야 한다.

한 영혼의 소중함을 기억하라

한 영혼은 세상의 그 무엇보다 소중하다. 예수님이 귀신에게 나가라고 명령하자 귀신은 예수님께 사정을 했다. 이 사람에게서 나가서 돼지에게로 들어가기를 원했다.

> 마침 거기 돼지의 큰 떼가 산 곁에서 먹고 있는지라 이에 간구하여 이르되 우리를 돼지에게로 보내어 들어가게 하소서 하니(막 5:11-12)

예수님은 귀신들의 간구를 허락했다. 귀신이 돼지떼에 들어가니 놀란 돼지들은 비탈길로 내리 달리기 시작했고 곧 모두 갈릴리 바다에 빠져서 죽게 되었다. 이 사건은 예수님을 곤란에 빠뜨리게 했다. 돼지 주인들은 물질적으로 큰 손해를 보았기 때문이다. 그러나 예수님은 2천 마리의 돼지도 중요하지만, 그보다 한 사람의 영혼을 구하는 것이 더욱 소중하기 때문에 돼지들이 몰살되더라도 예수님은 그 귀신 들린 사람에게서 귀신을 쫓아내기를 원하셨다. 한 사람의 영혼이 이렇게 소중하다. 우리는 어떤 대가를 치루더라도 한 영혼을 구원해야 한다. 그래서 예수님은 우리에게 복음을 전하라고 명령하신 것이다.

가족들에게도 기쁜 소식을 전하자. 귀신에서 자유롭게 된 사람은 예수님과 함께 있기를 원했다. 이와 같이 놀라운 은혜를 주신 주님과 함께하고 주님의 사역을 돕는 것이 그의 도리라고 생각했을 것이다. 그러나 예수님은 그 사람에게 집으로 돌아가라고 말씀하셨다. 예수님은 왜 그 사람에게 집으로 돌아가라고 말씀하신 것일까?

> 예수께서 배에 오르실 때에 귀신 들렸던 사람이 함께 있기를 간구하였
> 으나 허락하지 아니하시고 그에게 이르시되 집으로 돌아가 주께서 네게
> 어떻게 큰 일을 행하사 너를 불쌍히 여기신 것을 네 가족에게 알리라 하시
> 니(막 5:18-19)

예수님은 이 사람이 집에 돌아가서 가족들에게 자신이 어떻게 귀신에게서 고통을 받았고, 어떻게 자신이 자유롭게 되었는지를 간증하기를 원하셨다. 예수님이 오셔서 자신에게서 귀신을 쫓아내주심으로 자신에게 얼마나 놀라운 변화가 일어났는지 알리기를 원하셨다. 그래서 가족들도 예수를 믿고 구원을 받고 행복한 삶을 살기를 원하셨다. 예수님은 귀신에게서 자유롭게 된 사람이 예수님을 따라와서 사역을 돕는 것도 중요하지만, 더 중요한 것은 그동안 그가 잃어버렸던 가족들을 만나 자신에게 행하신 하나님의 놀라운 일을 알리기를 원하신 것이다.

예수님은 풍랑이는 바다를 건너 거라사 지방에 도착하셔서 그곳에서 귀신들린 한 사람을 만나시고, 그에게 귀신을 쫓아내주셨다. 예수님이 풍랑이는 바다를 건너오신 이유가 바로 이 귀신 들린 한 사람에게서 귀신을 쫓아내주시기 위한 것이었다. 예수님은 이처럼 한 영혼을 소중히 여기신다. 오늘 우리도 예수님처럼 사람들에게서 귀신을 쫓아내고, 병든 자를 고치며, 하나님의 사랑을 전하며 살아가자.

믿고 구하면
기적이 일어난다[16]

오늘 본문에 보면, 인생의 큰 문제를 만난 한 여인의 이야기가 나온다. 12년 동안이나 하혈을 하는 혈루증으로 고통을 당하던 여인은 있는 방법을 다해서 그 병을 고치려고 했고, 자신의 모든 재산을 들여서 약을 찾아보려고도 했다. 그러나 그런 노력은 아무런 소용이 없었다. 이제는 돈도 떨어지고, 소망도 잃어버렸다. 그러던 어느 날 이 여인은 예수님에 대한 소문을 듣게 되었다. 예수님께 나가면 어떤 병도 고침을 받는다는 기쁜 소식을 들었다. 그래서 그 여인은 예수님께 나아가 모든 문제의 해결을 받았다. 오늘 우리도 예수님을 만나면 기적이 일어난다. 본문이 우리에게 주는 교훈은 무엇일까?

문제 가운데도 희망을 버리지 말라

열두 해를 혈루증으로 앓아 온 한 여자가 있어 많은 의사에게 많은 괴로움을 받았고 가진 것도 다 허비하였으되 아무 효험이 없고 도리어 더 중하

---

16) 막 5:25-34

여졌던 차에(막 5:25-26)

오늘 본문에 나오는 여인은 오랜 세월동안 병으로 고통을 당했다. 그러나 누군가 그 여인에게 들려준 예수님의 이야기는 그 여인의 마음에 희망의 불이 타오르게 했다. 그 여인은 희망을 가지고 예수님께 나아갔다. 그 여인은 모든 두려움을 내려놓고 예수님께 나아갔다.

> 너희는 강하고 담대하라 두려워하지 말라 그들 앞에서 떨지 말라 이는
> 네 하나님 여호와 그가 너와 함께 가시며 결코 너를 떠나지 아니하시며 버
> 리지 아니하실 것임이라 하고(신 31:6)

오늘 우리도 인생의 문제를 만나고 어려움을 만날 때 좌절하고 절망하고 포기할 수 있지만, 그 순간에도 우리의 문제 해결자 예수님이 우리와 함께 하시고 우리를 떠나지 않고 계심을 믿어야 한다. 문제의 순간에도 낙심치 말아야 한다.

누가복음 18장에 보면, 억울한 일을 당한 한 과부의 이야기가 나온다. 그 여인은 억울한 일을 당했지만 낙심하지 않고, 끈질기게 재판장에게 나아가 자신의 억울함을 호소하여 결국 문제 해결을 받게 되었다. 놀라운 사실은 낙심하지 않고 기도하면 하나님은 우리에게 기적을 주신다는 것이다.

12년 동안이나 혈루증으로 고통 받던 여인이 낙심치 않고 하나님이 자신에게도 좋은 날을 주실 것을 믿고 기다릴 때 예수님에 대한 소식을 듣게 되었고, 예수님을 만남으로 기적을 체험하게 된 것이다. 오늘 우리도 낙심하지 말고 포기하지 말고 기도해야 할 이유가 여기 있다. 기도하면 하나님은 기도의 응답을 주신다. 지금 가정의 문제로, 사업

의 문제로, 육신의 질병의 문제로 우리 주변에 고통받는 사람들이 얼마나 많은가? 오늘 이 놀라운 소식을 어려움을 당하는 사람에게 전하여 주자.

믿음은 들음에서 난다

여인은 예수님의 소문을 듣는 순간, 예수님께 나아가면 자신의 병이 고쳐질 수 있다는 믿음이 생겼다. 이런 믿음이 중요하다. 예수님이 우리의 모든 문제를 해결하실 것을 믿을 때 실제로 기적이 일어나는 것이다.

> 그러므로 믿음은 들음에서 나며 들음은 그리스도의 말씀으로 말미암았느니라(롬 10:17)

예수님은 베다니의 나사로의 집을 방문했다. 이미 나사로는 세상을 떠나 장사한지가 나흘이 지났다. 그럼에도 불구하고 예수님은 마리아와 마르다에게 예수를 믿으면 죽어도 살겠고, 살아서 믿는 자는 영원히 죽지 않는다고 말씀하셨다. 예수님은 나사로가 장사된 무덤으로 가셨다. 그곳에서 예수님은 무덤의 앞을 막아 놓은 돌문을 옮겨 놓으라고 말씀하셨다. 주저하고 있는 마리아와 마르다에게 예수님은 이렇게 말씀하셨다.

> 예수께서 이르시되 내 말이 네가 믿으면 하나님의 영광을 보리라 하지 아니하였느냐 하시니(요 11:40)

예수님의 말씀을 듣는 순간, 마리아와 마르다의 마음에는 확고한 믿음이 생겼다. "그래! 예수님은 부활이요, 생명이라고 말씀하셨어. 예수님은 죽은 나사로도 살리실거야."라는 믿음으로 예수님을 바라보며 무덤의 돌문을 옮겼다. 그러자 예수님은 그 무덤 안에 있는 나사로를 부르시고, 그를 살려주셨다. 자매들이 예수님을 믿으니 하나님의 영광을 나타내 주신 것이다.

오늘 본문의 혈루증을 앓는 여인이 예수님께 나간다는 것은 쉬운 일이 아니었다. 그 여인이 앓고 있는 혈루증은 부정한 병이어서 여인은 예수님께 드러내 놓고 고쳐달라고 말하지도 못했다. 그러나 그 여인은 예수님의 옷자락만 만져도 나을 것을 믿었다. 그래서 여인은 예수님의 뒤로 가서 예수님의 옷자락에 살그머니 손을 대자 그 여인의 모든 병이 고침을 받게 된 것이다. 예수님이 나를 치료해 주실 것이라는 간절한 믿음이 기적을 가져오게 된 것이다.

행함이 있는 믿음으로 살자

혈루증을 앓는 여인은 예수님이 자신을 치유해 줄 것을 기대하며 예수님께 나아갔다.

> 예수의 소문을 듣고 무리 가운데 끼어 뒤로 와서 그의 옷에 손을 대니
> 이는 내가 그의 옷에만 손을 대어도 구원을 받으리라 생각함일러라 이에
> 그의 혈루 근원이 곧 마르매 병이 나은 줄을 몸에 깨달으니라 (막 5:27-29)

하나님은 이스라엘 백성들에게 여리고성을 무너뜨리기 전에 그 성을

돌라고 말씀하셨다. 하나님은 그들이 그냥 가만히 앉아 있으라고 말씀하시지 않고, 그 여리고 성이 무너질 것을 기대하며 믿음으로 그 성의 주변을 돌라고 말씀하신 것이다. 그들이 믿음으로 행동하여 여리고 성을 돌 때 여리고성은 허물어지게 된 것이다. 믿음을 가진 사람은 하나님이 기적을 베풀어 주실 것을 믿고 행동으로 옮겨 놓아야 한다. 믿었으면 가만히 머물러 있지 말라. 믿었으면, 믿음으로 기적이 일어날 것을 믿고 행동하라.

> 내 형제들아 만일 사람이 믿음이 있노라 하고 행함이 없으면 무슨 유익
> 이 있으리요 그 믿음이 능히 자기를 구원하겠느냐(약 2:14)

오늘 우리도 믿었으면 믿은 대로 행동해야 한다. 우리의 문제가 해결될 것을 믿는가? 그렇다면 그 믿음을 가지고 예수님께 나아가 우리의 문제를 해결해 달라고 간구하고 예수님께 나아가야 한다.

우리의 병이 고침 받을 것을 믿는가? 그렇다면 그 믿음을 가지고 우리의 병을 고쳐달라고 간구하고 예수님께 나아가야 한다. 하나님은 우리가 그 믿음을 가지고 행할 때 놀라운 기적을 이루어주시는 것이다.

우리는 인생을 살아가면서 문제를 만난다. 그러나 어떤 문제를 만나도 우리를 사랑하시는 하나님이 우리와 함께 하시니 희망을 버리지 말아야 한다. 우리는 날마다 하나님의 말씀을 읽고 묵상하여 우리의 마음속에 믿음으로 가득 채워야 한다. 주님의 말씀을 믿고 그 믿은 대로 행동하여 문제를 이기고 놀라운 기적 속에서 살아가자.

두려워하지 말고
믿기만 하라[17]

자녀가 아프다는 것은 참으로 고통스러운 일이다. 오늘 본문에 보면, 회당장 야이로의 딸이 병들어 죽어가고 있었다. 회당장 야이로는 예수님이 수많은 사람들의 병을 고치셨다는 소문을 듣고 예수님께 나아갔다. 야이로는 바리새인이고 회당장이었지만, 딸을 살리기 위하여 예수님께 나아가 예수님 앞에 엎드려 자신의 딸을 살려달라고 간청했다. 예수님은 회당장 야이로와 함께 그의 집에 가는 도중에 그의 딸이 죽었다는 소식을 듣게 되었다. 그러나 예수님은 그 집에 가서 죽은 딸을 살려주셨다. 본문이 우리에게 주는 교훈은 무엇일까?

하나님은 우리의 기도에 응답하신다

회당장 중의 하나인 야이로라 하는 이가 와서 예수를 보고 발 아래 엎드리어 간곡히 구하여 이르되 내 어린 딸이 죽게 되었사오니 오셔서 그 위에 손을 얹으사 그로 구원을 받아 살게 하소서 하거늘(막 5:22-23)

---

17) 막 5:35-43

회당장 야이로는 예수님께 나와서 그 발 아래 엎드렸다. 예수님의 발 아래 엎드렸다는 것은 자신의 모든 지위와 모든 것을 내려놓고 예수님께서 자신의 간구를 들어주시기를 원하는 간절한 마음이 있었음을 보여주는 것이다.

23절에 보면 "간곡히 구하여…"라고 말하고 있다. 그는 예수님이 아니고는 자신의 죽어가는 딸을 살릴 수 있는 사람이 없다고 생각해서 예수님이 자신의 집에 오셔서 딸을 살려주시기를 간청했다. 예수님은 우리의 간절한 기도에 응답하신다.

> 너는 내게 부르짖으라 내가 네게 응답하겠고 네가 알지 못하는 크고 은
> 밀한 일을 네게 보이리라(렘 33:3)

우리가 간구할 때 하나님은 응답하시고 우리를 모든 두려움에서 건져주신다.

> 내가 여호와께 간구하매 내게 응답하시고 내 모든 두려움에서 나를 건
> 지셨도다(시 34:4)

우리가 간구하면 하나님은 함께하시고 건져주신다.

> 그가 내게 간구하리니 내가 그에게 응답하리라 그들이 환난 당할 때에
> 내가 그와 함께 하여 그를 건지고 영화롭게 하리라(시 91:15)

예수님은 회당장 야이로의 간절한 간구를 들으시고 그의 집으로 가셨다. 오늘도 예수님은 우리가 간절히 간구하면 우리에게 찾아오셔서

우리의 모든 문제에 응답해 주신다.

두려워하지 말고 예수님을 의지하라

예수님과 회당장 야이로가 집으로 가던 중에 한 사건이 있었다. 열두 해를 혈루증으로 앓던 여인이 예수님의 뒤에 와서 옷자락을 만져서 고침 받는 기적이 일어났다. 이런 일이 있는 동안 시간이 좀 지체되었는데, 그때 회장당의 집에 있던 사람들이 와서 회당장에게 그의 딸이 죽었다고 말했다.

> 아직 예수께서 말씀하실 때에 회당장의 집에서 사람들이 와서 회당장
> 에게 이르되 당신의 딸이 죽었나이다 어찌하여 선생을 더 괴롭게 하나니
> 까(막 5:35)

회당장 야이로는 눈앞이 캄캄해졌을 것이다. '이럴 수가! 예수님이 조금만 더 일찍 갔으면 내 딸이 살았을 텐데, 내가 너무 늦게 예수님께 나왔구나.'라고 생각하며 자신을 책망하고 있었을 것이다. 그는 말할 수 없는 고통과 두려움으로 떨고 있었을 것이다. 그런 회당장에게 예수님은 놀라운 말씀을 하셨다.

> 예수께서 그 하는 말을 곁에서 들으시고 회당장에게 이르시되 두려워
> 하지 말고 믿기만 하라 하시고(막 5:36)

우리는 우리의 힘으로 해결할 수 없는 문제를 만날 때 두렵다. 그 문

제를 해결할 수 있는 능력이 없기 때문이다. 그러나 그런 순간에 예수님은 두려워하지 말라고 말씀하신다. 두려워하는 대신에 예수를 믿기만 하라고 말씀하신다.

성경에도 보면 수많은 사람들이 문제를 만날 때 두려워했다. 그러나 그럴 때마다 하나님은 그들에게 두려워하지 말라고 말씀하셨다.

왜? 두려워하지 말아야 하나? 하나님은 아브라함의 방패가 되시고 상급이 되시기 때문이다. 하나님은 아브라함에게 두려워하지 말고 해결자 되시는 하나님을 믿으라고 말씀하셨다.

> 이 후에 여호와의 말씀이 환상 중에 아브람에게 임하여 이르시되 아브람
> 아 두려워하지 말라 나는 네 방패요 너의 지극히 큰 상급이니라(창 15:1)

오늘도 우리는 살아가면서 우리의 힘으로 해결하지 못하는 문제를 만날 때 두려워하게 된다. 그러나 하나님은 그 순간에도 두려워하지 말고, 하나님을 믿으라고 말씀하신다.

문제를 향하여 믿음으로 명령하라

예수님은 회당장의 딸이 죽은 것을 아셨다. 그러나 그 아이가 죽었다고 말하지 않고 잔다고 말씀하셨다. 예수님은 딸아이가 죽었어도 그 딸이 자다가 깨는 것처럼 살아날 것을 믿었다. 그래서 죽은 아이를 보시고도 그 아이가 죽은 것이 아니고 잔다고 말씀하신 것이다.

예수님은 부정적인 환경에서도 긍정적인 믿음의 고백을 하셨다. 오

늘 우리도 우리에게 부정적인 환경이 우리를 덮는다고 해도 긍정적인 믿음의 고백을 해야 한다. 오늘 우리의 삶에도 어려움이 다가오고 문제가 다가온다. 그러나 그럼에도 불구하고 우리는 긍정적인 고백을 하자. 예수님은 죽은 아이를 향하여 명령하셨다. "달리다굼!", "내가 네게 말하노니 소녀야 일어나라!"라고 말씀하셨다. 예수님이 명하실 때 죽은 딸이 살아났다. 오늘도 예수님은 우리에게 죽은 것과 같은 문제를 향하여 믿음과 권세를 가지고 일어나라고 명령해야 한다.

우리는 인생을 살아가면서 수많은 문제를 만난다. 그러나 어떤 어려움 가운데도 하나님이 우리와 함께 하심을 믿어야 한다. 어떤 어려움이 다가와도 그 어려움의 문제를 주님이 해결해 주실 것을 믿어야 한다. 부정적인 생각과 말을 버리고 긍정의 고백을 하고 믿음의 고백을 하여 승리의 삶을 살아가자.

기적을 기대하라[18]

오늘 본문에 보면, 예수님은 자신이 자란 고향으로 가서서 복음을 전하셨다. 예수님은 고향에 가서도 다른 마을에서처럼 말씀을 선포하시고, 병자를 고치기를 원하셨다. 그러나 마을 사람들은 예수님을 목수 요셉의 아들로만 알고 있었다. 그들은 요셉의 아들 목수 예수가 놀라운 지혜와 권능을 행하는 것에 대하여 이해할 수 없다는 태도를 보였다. 그들은 예수님을 믿지도 기대하지도 않았다. 그래서 예수님은 그 마을에서 큰 기적을 행하실 수 없었다고 성경은 말한다. 본문이 우리에게 주는 교훈은 무엇일까?

예수님을 하나님의 아들로 믿어라

예수님의 고향 마을 사람들은 일생일대의 놀라운 기회를 가지게 되었다. 예수님이 그 마을에 가서 그들에게 복음을 전하게 된 것이다. 그들은 문제 해결을 받고 병 고침을 받을 수 있는 좋은 기회를 만났다.

---

18)   막 6:1-13

그러나 그 마을에서는 예수님을 하나님의 아들로 기대하는 사람은 없었다. 그 이유는 예수님의 고향 마을의 사람들은 예수님을 "목수 예수"로만 바라보고 있었기 때문이다.

"목수 예수"가 우리의 문제를 어떻게 해결해 주고, 우리를 어떻게 고쳐줄 수 있는가? 하는 생각을 하고 있으니, 당연히 기적이 일어나지 않았다. 그들의 마음속에 있는 고정 관념이 그들에게 믿음을 갖지 못하게 하였고, 그들은 예수님을 향한 기대감을 갖지 않았다.

오늘 우리는 예수님을 어떻게 생각하고 있는가? 예수님을 "목수 예수"로 보아서는 우리도 기적을 체험할 수 없다. 우리는 예수님을 "우리의 주님, 하나님의 아들"로 믿어야 한다. 그럴 때 믿음이 생기고, 우리에게 기대감이 생기게 되는 것이다. 베드로는 중요한 고백을 했다.

> 이르시되 너희는 나를 누구라 하느냐 시몬 베드로가 대답하여 이르되 주는 그리스도시요 살아 계신 하나님의 아들이시니이다(마 16:15-16)

베드로는 예수님을 "주님"이라고 말했다. 예수님이 자신의 주인이라는 고백이다. 베드로는 예수님을 그리스도라 고백했다. 자신의 구원자이신 메시야라고 고백한 것이다. 베드로는 예수님을 살아계신 하나님의 아들이라고 고백했다. 오늘 우리도 예수님을 하나님의 아들로 믿고 고백하며 살아가자.

예수님이 주시는 기적을 기대하라

예수님의 고향 동네에서는 예수님이 함께 하심에도 불구하고 많은 기적이 일어나지 않았다. 그 동네에서 예수님은 소수의 병자를 고칠 따름이었다. 예수님이 자신들의 병을 고쳐 주시고, 문제를 해결해 주실 것이라는 기대가 없는 곳에서 예수님은 기적을 행하지 않으셨다. 오늘 우리도 문제 해결을 받으려면 예수님을 믿고, 예수님을 향한 기대감을 가지고 예수님께 나아가야 한다.

마태복음 8장에 보면 예수님은 병자를 고치시는 장면들이 많이 나온다. 예수님이 병자를 고치시는 것을 보면 병든 사람들이 예수님이 자신의 병을 고칠 것을 믿고 기대하며 나올 때 그들은 놀라운 기적을 경험하게 되었다.

마태복음 8장 2절 이하에 보면 한 나병 환자가 예수님께 나왔다. 그는 예수님이 자신의 나병을 고쳐 주실 것을 믿고 기대감을 가지고 예수님께 나왔다. 그가 예수님께 자신의 병을 고쳐달라고 간구했을 때 예수님께서는 그의 병이 깨끗함을 받으라고 말씀하심으로 그의 나병을 깨끗하게 고쳐주셨다. 예수님은 나병과 같은 병으로 고통당할지라도 예수님이 치료하실 것을 믿고 기대하고 나오는 사람에게 기적을 베풀어 주셨다. 오늘 우리도 예수님을 믿고 기대할 때 기적이 일어난다.

마태복음 8장의 한 백부장의 이야기는 우리가 믿고 기대하는 것이 얼마나 중요한가를 이야기 한다. 한 로마 백부장의 하인이 중풍병으로 몹시 괴로워했다. 백부장은 예수님이 병자를 고친다는 이야기를 듣고, 예수님이 자신의 하인도 고칠 수 있는 능력이 있다는 것을 믿었다. 그는 기대감을 가지고 예수님께 자신의 하인을 고쳐 달라고 말씀 드렸다. 예수님이 그의 집으로 가시려고 하자 로마 백부장은 예수님께서 직접 가시지 않고, 말씀만 하셔도 하인이 나을 것을 믿는다고 고백했다. 예수님은 그의 믿음을 보고 대단히 놀라워하셨다. 유대인도 아니고 이방인 로마 백부장이 예수님을 향해서 그런 믿음과 기대를 가지고 있는 것이 놀라웠던 것이다. 예수님은 그 자리에서 말씀으로 그 하인을 고쳐주셨다. 오늘 우리는 어떤 문제가 있는가? 예수님께 나와서 우리의 모든 문제를 내려놓자. 예수님이 오늘 우리의 문제를 해결해 주실 것을 믿고 기대하자. 오늘도 기적이 일어난다.

하나님은 모든 것을 예비하신다

예수님은 열두 제자들을 부르셔서 둘씩 짝을 지어 보내시며 그들에게 더러운 귀신을 제어하는 권능을 주시고, 각 마을에 가서 복음을 전하게 하셨다. 예수님은 열두 제자들에게 전도 여행을 위하여 지팡이 외에는 양식이나 배낭이나 전대의 돈이나 아무것도 가지고 가지 말라고 말씀하셨다. 왜 그랬을까? 하나님이 그들의 모든 쓸 것을 예비해 주시고 채우실 것이기 때문이다. 하나님은 우리가 필요한 모든 것을 공급해 주신다.

출애굽기에 보면 이스라엘 백성들이 모세의 인도하심을 받아 광야로 나왔을 때 하나님은 그들에게 40년간 광야에서 생활할 것이라고 말씀하셨다. 그 이야기를 듣고 이스라엘 백성들은 염려와 걱정이 가득했을 것이다. 광야는 먹을 것이 없고, 물이 없는 곳이다. 그곳에서 어떻게 40년을 생활할 수 있는가? 놀라운 사실은 하나님이 그들의 양식을 공급해 주시고, 그들의 모든 필요한 물을 공급해 주시며, 그들의 신발과 옷이 떨어지지 않게 하신다는 것이다.

네 조상들도 알지 못하던 만나를 광야에서 네게 먹이셨나니 이는 다 너

를 낮추시며 너를 시험하사 마침내 네게 복을 주려 하심이었느니라(신 8:16)

애굽을 나온 이스라엘 백성들이 수르 광야에 도착했을 때 사흘 길을
가도 물을 얻지 못했다. 그러다 물을 발견했는데 그 물이 써서 마실 수
가 없었다. 그 위기의 순간에 모세는 하나님께 기도했다.

모세가 여호와께 부르짖었더니 여호와께서 그에게 한 나무를 가리키시

니 그가 물에 던지니 물이 달게 되었더라 거기서 여호와께서 그들을 위하

여 법도와 율례를 정하시고 그들을 시험하실새(출 15:25)

하나님은 한 나무를 쓴 물에 던져 물을 달게 하신 것이다. 하나님은
물을 달게 변화시키는 나무를 쓴 물이 있는 곳 옆에 미리 예비해 두셨
던 것이다. 하나님은 늘 문제 옆에 해결책을 두신다. 하나님을 의지하
고 기도할 때 어떤 문제가 있어도 그 문제를 해결해 주신다.

예수님의 고향 마을의 사람들은 좋은 기회를 만났다. 하나님의 아들
인 예수님이 그들의 마을에 방문해 주신 것이다. 그러나 그들은 예수
님이 하나님의 아들이라는 것을 인정하지 않았다. 그들은 예수님을 다
만 목수의 아들로 보고 있었을 뿐이었다. 그들은 고정 관념에 사로잡
혀서 예수님을 하나님의 아들로 믿지도 않았고, 기적을 기대하지도 않
았다. 그래서 예수님은 그들에게 아무런 기적을 행하지 않았다. 오늘
우리는 예수님을 하나님의 아들로 믿어야 한다. 예수님이 오늘 우리의
기도를 들으시고, 응답하실 것을 믿고 기대해야 한다. 그럴 때 오늘 우
리에게도 놀라운 기적이 일어나게 된다.

내게 없는 것을 바라보지 말고 있는 것을 바라보라[19]

예수님은 때때로 배를 타고 갈릴리 호수를 건너서 갈릴리 호수 주변에서 말씀을 가르치셨다. 갈릴리 호수 주변의 빈 들에는 떡을 파는 가게도 없고, 음식을 구할 수도 없는 황량한 들판이다. 예수님은 그 빈 들에서 떡 다섯 개와 물고기 두 마리로 5천명이 넘는 남자와 수많은 여자와 아이들을 먹이시고 남은 조각만도 열두 바구니가 되게 하셨다. 본문이 우리에게 주는 교훈은 무엇일까?

예수님은 우리를 먹이기 원하신다

예수님은 말씀을 전하시고 난 후, 사람들이 집에 돌아가는 사이에 배가 고파 허기질 것을 아셨다. 그래서 예수님은 그들을 그냥 돌려보내지 않으시고, 그들에게 음식을 먹여서 보내기를 원하셨다.

예수님은 영적인 양식을 주신다. 예수님은 선한 목자가 되셔서 목자

---

19)　막 6:30-44

없는 양과 같은 사람들에게 영적인 양식을 채워주시기를 원하셨다. 그래서 예수님은 시간 가는 줄 모르시고 수많은 백성들에게 하나님 나라의 비밀을 가르쳐 주셨다.

나는 선한 목자라 나는 내 양을 알고 양도 나를 아는 것이 아버지께서
나를 아시고 내가 아버지를 아는 것 같으니 나는 양을 위하여 목숨을 버리
노라(요 10:14-15)

예수님은 육적인 양식도 주신다. 예수님은 목자 없는 양 같은 사람들에게 육적인 양식도 채워주시기를 원하셨다.

때가 저물어가매 제자들이 예수께 나아와 여짜오되 이 곳은 빈 들이요
날도 저물어가니(막 6:35)

제자들은 이곳이 빈 들이어서 양식을 구할 수 없다고 고백한다. 빈들은 절망의 장소이다. 아무런 것도 얻을 수 없는 한계를 만난 장소이다. 그러나 그 빈 들은 또한 기적의 장소이다. 이스라엘 백성들은 애굽에서 나와 광야에서 하나님의 기적을 보았다. 오늘도 하나님은 우리에게 필요한 모든 먹을 것을 채워주신다.

그러므로 염려하여 이르기를 무엇을 먹을까 무엇을 마실까 무엇을 입을
까 하지 말라 이는 다 이방인들이 구하는 것이라 너희 하늘 아버지께서 이
모든 것이 너희에게 있어야 할 줄을 아시느니라(마 6:31-32)

무엇을 먹을까 무엇을 마실까 염려하지 말아야 한다. 하늘 아버지가

이 모든 것이 필요한 줄 아시고 채워주시기 때문이다. 예수님은 빈 들에서 굶주린 영혼들의 영적인 양식만이 아니라 그들의 육적인 양식도 채워주셨다. 예수님은 백성들을 사랑하셔서 그들에게 기적을 선물로 주셨다. 사랑은 기적을 가져온다.

내게 있는 것이 무엇인지 생각해 보자

예수님은 제자들에게 먹을 것을 주라고 말씀하셨다. 그러나 제자들은 자신들에게는 아무것도 없다고 생각했다. 돈도 없고, 떡을 살 수 있는 가게도 없다고 예수님께 말씀 드렸다. 그러나 예수님은 없는 것을 바라보지 않고 있는 것을 바라보셨다. 그래서 무엇이 있는지 가서 찾아보라고 말씀하셨다.

> 이르시되 너희에게 떡 몇 개나 있는지 가서 보라 하시니 알아보고 이르되 떡 다섯 개와 물고기 두 마리가 있더이다 하거늘(막 6:38)

제자들은 예수님이 떡 몇 개나 있는지 찾아보라고 말씀하시자, "왜? 이런 것을 물으실까?" 하는 생각을 했을 것이다. 떡이 몇 개가 있다고 이 많은 사람들에게 무슨 의미가 있나? 그런 생각을 했는지도 모른다. 그러나 제자들은 예수님의 말씀에 순종하여 무리 가운데 음식이 얼마나 있는지 찾아보았다. 제자들이 찾아다니며 발견한 것은 떡 다섯 개와 물고기 두 마리가 전부였다. 제자들은 그것을 가지고 와서 예수님께 드렸다.

작은 것이라도 믿음으로 드리면 기적이 일어난다. 예수님은 제자들이 가지고 온 떡 다섯 개와 물고기 두 마리에 축복 기도해 주셨다. 그것으로 남자만도 5천명이 넘는 사람들이 먹고도 열두 광주리가 남는 양의 음식을 만들어 주신 것이다. 오늘 본문에서 우리는 중요한 교훈을 발견할 수 있다. 우리는 내게 무엇이 없는지? 없는 것에 초점을 맞추지 말고, 내게 있는 것이 무엇인지? 있는 것에 초점을 맞추어야 한다. 아무리 작은 것이라도, 예수님의 손에 올려드리면 차고 넘치는 기적이 일어난다. 사람들은 "나는 연약합니다. 나는 아무것도 할 수 없습니다."라고 고백한다. 그러나 아무리 연약해도 주님의 손에 올려드리면 기적이 일어난다. 예수님은 우리의 인생에 놀라운 기적을 베풀어 주신다. 다윗과 블레셋 거인 골리앗과 전쟁에서, 골리앗은 칼과 창과 단창을 의지하고 다윗과 싸우러 나왔으나 다윗은 물매와 작은 돌을 가지고 나갔다. 거인 골리앗 앞에 물매와 작은 돌은 얼마나 초라한가? 그러나 놀랍게도 다윗은 그 물매와 작은 돌을 믿고 의지한 것이 아니라 자신을 도우시는 하나님을 의지했다. 그래서 다윗은 물매와 작은 돌로 골리앗을 쓰러뜨릴 수 있었다. 오늘 우리도 하나님의 손에 작은 것을 올려드릴 때 하나님은 그것을 통하여 놀라운 기적을 베풀어 주신다.

간절한 소원을 가지고 기도하라

성경은 기도의 중요성에 대하여 강조하고 있다. 왜 기도가 중요한가? 기도가 기적을 가져오는 중요한 열쇠가 되기 때문이다. 중요한 것은 간절한 소원을 가지고 기도할 때 그 기도를 들으시는 하나님이 우리에게 기적을 베풀어 주시는 것이다. 예수님은 제자들에게 명하여 사람들을 앉게 하시고, 제자들이 가져온 떡 다섯 개와 물고기 두 마리를 들고 기도하신 후에 떡과 물고기를 사람들에게 나누어 주게 하셨다. 예수님은 사람들에게 푸른 잔디 위에 떼를 지어 앉게 하셨다. 사람들은 웅성웅성 했을 것이다. "왜? 우리를 이렇게 앉으라고 하지?" 그러자 옆에 있는 사람들이 그랬을 것이다. "예수님이 제자들에게 먹을 것을 주라고 했다고 하네. 아마 우리에게 먹을 것을 주실 건가봐? 배가 고팠는데 잘 되었네."라고 먹을 것을 기대하며 기다렸을 것이다. 예수님은 기대하는 그들에게 음식을 주셨다.

> 구하라 그리하면 너희에게 주실 것이요 찾으라 그리하면 찾아낼 것이요 문을 두드리라 그리하면 너희에게 열릴 것이니(마 7:7)

응답 받기를 원하는가? 간절한 소원을 가지고, 기대하며, 주님이 응답을 주실 것을 믿고 기도하자. 예수님이 우리의 기도를 응답하시고 기적을 베풀어 주신다. 구하면 주신다.

우리는 인생을 살아가면서 삶의 어려움으로 목마르고 굶주릴 때가 있다. 예수님은 그런 우리에게 목마름을 해결해 주시고, 영혼의 양식과 육신의 양식을 모두 먹이기를 원하신다. 오늘 우리에게 있는 것이 무엇인가? 내게 있는 것이 작은 것일지라도 주님의 손에 올려 드릴 때 기적이 일어난다. 주님이 베풀어 주실 은혜를 기대하며 살아가자.

풍랑을 만나도
두려워하지 말라[20]

예수님은 떡 다섯 개와 물고기 두 마리로 남자만 5천명을 먹이신 기적을 베푸신 후 예수님을 임금 삼으려는 사람들을 흩어 보내시고, 제자들을 배에 태워 갈릴리 호수를 먼저 건너가게 하시고, 예수님은 산에 올라가 기도하셨다. 예수님이 산에서 보니 제자들이 탄 배는 갈릴리 호수를 건너가다가 거센 풍랑을 만나 앞으로도 뒤로도 가지 못하고 고난 가운데 있었다. 예수님은 풍랑으로 힘들어 하는 제자들을 위하여 물위를 걸어가서서 풍랑을 잠잠하게 하시고 그들을 구해주셨다는 것이 오늘 본문의 말씀이다. 본문이 우리에게 주는 교훈은 무엇일까?

인생에는 누구에게나 풍랑이 다가온다

갈릴리 호수의 날씨는 참으로 변화무쌍하다. 금방까지도 잠잠하고 고요했던 호수가 어느 순간에 풍랑이 일고 파도가 높이 친다. 이와 같

---

20) 막 6:45-52

이 우리의 인생도 잠잠하고 고요한 생활이 지속되다가 어느 순간엔가 문제가 다가와서 우리를 고통의 파도 속으로 몰아넣는다. 가정의 문제로, 자녀의 문제로, 육신의 질병으로, 사업의 문제로, 우리의 삶에는 예상치 못한 풍랑이 다가온다.

창세기에 나오는 요셉은 아버지 야곱의 편애를 받는 아들이었다. 열두 명의 아들 가운데 아버지 야곱은 열한 번째 아들인 요셉을 편애하여 형들은 그를 시기하고, 그를 죽이고 싶을 정도로 미워했다. 결국 아버지가 없는 틈을 타서 형들은 미디안 노예 장사에게 요셉을 팔았고, 요셉은 애굽의 군인 보디발의 집에서 노예 생활을 하다가 억울한 일을 당하여 감옥에 갇히는 고통 속에 처하게 되었다. 요셉은 인생의 큰 풍랑을 만났다. 그러나 요셉은 인생의 풍랑을 만났어도 오로지 하나님을 바라보고, 하나님을 믿었다. 그는 인생의 풍랑을 잠잠케 하시고, 길을 열어주시는 하나님을 의지했다. 결국 그는 왕의 꿈을 해몽할 기회를 만났고, 그 사건을 통하여 감옥에서 나와서 애굽의 총리가 되었다. 요셉은 나중에 형들을 애굽에서 만나게 되는데 그는 형들을 용서하면서 이런 이야기를 한다.

당신들은 나를 해하려 하였으나 하나님은 그것을 선으로 바꾸사 오늘과 같이 많은 백성의 생명을 구원하게 하시려 하셨나니(창 50:20)

형들은 요셉을 해하려고 했지만, 하나님이 그 모든 것을 선으로 바꾸어 주셨다는 것이다. 그래서 오늘과 같이 많은 사람들의 생명을 살리도록 인도해 주셨다는 것이다. 요셉의 인생에 풍랑이 다가왔다. 그러나 하나님은 그 풍랑을 복으로 바꾸어 주셨다. 오늘 우리도 하나님을 의지하면 우리 인생의 풍랑이 변하여 복이 되게 하신다.

예수님은 풍랑을 잠잠케 하신다

예수님은 산에서 기도하다가 풍랑 가운데 고통받는 제자들을 보셨다. 그래서 예수님은 바다 위로 걸어서 그들에게 다가 가셨다. 참으로 놀라운 일이다. 왜? 예수님은 이렇게 기적적인 방법으로 제자들에게 다가 가신 것일까? 예수님은 이 사건을 통하여 제자들에게 분명한 교훈을 주시기를 원하셨다.

> 배에 함께 오르매 바람이 그치는지라 배에 있는 사람들이 예수께 절하
> 며 이르되 진실로 하나님의 아들이로소이다 하더라(마 14:32-33)

예수님은 물에 빠져가는 베드로를 건져 주시고 배에 올라가시니 바람이 그쳤다. 배에 있는 제자들이 예수님께 절하며 예수님을 진실로 하나님의 아들이라고 고백하였다. 우리가 주목할 부분이 바로 이것이다. 왜? 예수님이 떡 다섯 개와 물고기 두 마리로 5천명을 먹이시고, 물위를 걸어서 제자들에게 다가가셨는가? 아무리 예수님이 이야기를 해도 제자들은 예수님이 하나님의 아들인 것을 믿지 못했다. 그러나 예수님은 그들에게 떡 다섯 개와 물고기 두 마리로 5천명을 먹이시고, 물위를 걸어서 제자들에게 다가가서 베드로를 건져 주시고, 풍랑을 잠잠케 하심으로 예수님이 하나님의 아들이심을 확실하게 보여주신 것이다. 그래서 제자들이 예수님이 하나님의 아들이심을 믿고 고백하게 한 것이다.

예수님은 하나님의 아들이시다. 예수님은 인생의 풍랑 가운데 고통받는 사람들을 찾아오셔서 그들의 풍랑의 문제를 해결해 주신다. 오늘 우리는 어떤 풍랑 가운데 있는가? 가정의 풍랑, 사업의 풍랑, 육신의

질병의 풍랑을 만나고 있지 않은가? 하나님의 아들이신, 예수님을 의지하자. 예수님은 우리에게 다가온 풍랑을 잠잠케 해주신다.

인생의 풍랑을 만날 때 두려워하지 말라

제자들은 예수님이 바다 가운데로 걸어오시는 것을 보고 놀랐다. 그들은 바다에 유령이 나타난 줄 알았다. 예수님은 놀란 제자들을 안심시키셨다. "안심하라! 내니 두려워하지 말라!"라고 말씀하셨다. 오늘 예수님은 풍랑을 만나 살아가는 우리에게 찾아오셔서 같은 말씀을 주신다. "안심하라. 내니 두려워하지 말라!" 우리의 인생에 어떤 풍랑이 다가와도 두려워하지 말자. 예수님이 우리와 함께 하신다.

이사야서 41장 8절에서 10절까지를 읽어보면, 하나님은 바벨론의 포로가 되어 두려움 가운데 살아가는 이스라엘 백성들을 찾아오셔서 그들에게 안심하고, 두려워하지 말라고 말씀해 주셨다.

> 두려워하지 말라 내가 너와 함께 함이라 놀라지 말라 나는 네 하나님이
> 됨이라 내가 너를 굳세게 하리라 참으로 너를 도와 주리라 참으로 나의 의
> 로운 오른손으로 너를 붙들리라 (사 41:10)

왜 두려워하지 말아야 하나? 하나님이 함께 하시기 때문이다. 하나님은 말씀하신다. 놀라지 말라! 왜? 놀라지 말아야 하나? 하나님이 나의 하나님이 되시기 때문이다. 하나님이 우리를 굳세게 하시고, 도와주시고, 붙들어 주시기 때문이다.

하늘과 땅을 지으신 창조주가 나의 하나님이시다. 인간의 생사화복

을 주장하시는 하나님이 나의 하나님이시다. 그래서 예수님은 제자들에게 "안심하고, 두려워하지 말라."라고 말씀하신 것이다. 하나님의 아들, 예수님이 그들과 함께 계시니, 그들에게 어떤 풍랑이 다가와도 어떤 어려움이 다가와도 안심할 수 있다는 것이다. 두려워하지 않아도 된다는 것이다.

> 배에 올라 그들에게 가시니 바람이 그치는지라 제자들이 마음에 심히
> 놀라니(막 6:51)

예수님이 배에 올라가시니 "바람이 그치는지라!" 하는 말씀을 주목하자. 예수님이 제자들이 있는 배에 올라가시기 전에는 풍랑이 있었다. 그런데 예수님이 그들의 배에 올라가시니 바람이 그쳤다는 것이다. 오늘 우리는 예수님을 우리 인생의 배에 모셔야 한다. 예수님이 우리 인생의 배에 같이 계시면 풍랑이 그치고, 문제도 해결되고, 병도 고침 받게 되는 것이다. 하나님의 은혜와 평강이 충만하게 되는 것이다.

우리는 인생을 살아가면서 수많은 인생의 풍랑을 만난다. 가정의 풍랑, 자녀를 통한 문제의 풍랑, 사업의 풍랑, 육신의 질병의 풍랑 등을 만난다. 그러나 어떤 풍랑이 다가와도 예수님은 풍랑을 뚫고 우리에게 오신다. 예수님은 우리를 택하시고, 버리지 않으시고, 동행하신다. 그러므로 인생의 어떤 풍랑을 만나도 두려워하지 말고, 예수님을 의지하고, 풍랑을 이기며 살아가자.

3장

할 수 있다는
믿음을 가지고 살자

어떤 일이 있어도
낙심하지 말자[21)]

예수님이 가시는 곳마다 수많은 사람들이 모여들었다. 갈릴리 주변에서 수많은 사람들이 예수님을 만나기 원했다. 예수님은 갈릴리 주변에서 주로 복음을 전하시다 한번은 두로 지방으로 가셨다. 왜? 예수님은 갈릴리 지방에서 사역을 하시다가 갑자기 이방인들이 살고 있는 두로 지방으로 가시게 된 것일까? 본문이 우리에게 주는 교훈은 무엇일까?

은혜의 소식을 감추어 두지 말자

> 예수께서 일어나사 거기를 떠나 두로 지방으로 가서 한 집에 들어가 아무도 모르게 하시려 하나 숨길 수 없더라(막 7:24)

예수님은 두로에 도착하셔서, 아무도 모르게 한 집에 들어가시려고 했는데 예수님의 신분을 숨길 수가 없었다. 그 동네에서도 예수님을

---

21) 막 7:24-30

알아보는 사람들이 있었다. 두로에 살고 있는 어떤 사람들은 이미 예수님에 대한 소문을 알고 있었다. 그들은 소문으로만 들었던 예수님이 자신들에게 와 계시다는 것을 알았다. 복음을 전하는 것은 얼마나 중요한가? 우리가 예수님을 믿고 하나님의 자녀가 된 것도 누군가가 우리에게 예수님에 대하여 전해 주었기 때문이다. 우리도 우리가 만난 예수, 우리에게 기쁨을 주시는 그 예수를 전하며 살아야 한다.

예수님은 희망을 주신다

> 이에 더러운 귀신 들린 어린 딸을 둔 한 여자가 예수의 소문을 듣고 곧
> 와서 그 발 아래에 엎드리니(막 7:25)

두로에 딸이 귀신 들려 고통 가운데 살아가는 한 이방 여인이 있었다. 그 여인은 갖은 방법으로 딸에게서 더러운 귀신을 쫓아내려고 했지만, 할 수 없었다. 해가 거듭되어 갈수록 그 어머니와 딸은 깊은 절망을 겪어야 했다. 그러다 어느 날 그 여인은 어떤 사람으로부터 놀라운 소식을 듣게 되었다. 예수님께 나가기만 하면 예수님은 귀신을 쫓아내신다는 것을 알게 된 것이다.

절망의 문제를 가지고 예수님께 나아가자. 귀신 들린 딸을 가진 여인은 예수님께 나왔다. 그 여인은 예수님께 나와서 자신의 딸에게서 더러운 귀신을 쫓아내달라고 간절히 간구했다.

> 그 여자는 헬라인이요 수로보니게 족속이라 자기 딸에게서 귀신 쫓아
> 내 주시기를 간구하거늘(막 7:26)

우리는 문제를 만났을 때, 좌절하고 절망하고 있지만 말고, 예수님께 나아가 간구해야 한다. 예수님이 우리의 기도를 들어 주시고, 우리에게 기적을 베풀어 주실 것을 믿고 간구해야 한다.

어떤 일이 있어도 낙심하지 말자. 여인이 예수님께 나아가 자신의 딸을 고쳐달라고 간절히 간구하는데 예수님은 이해하지 못할 말씀을 하셨다.

> 예수께서 이르시되 자녀로 먼저 배불리 먹게 할지니 자녀의 떡을 취하
> 여 개들에게 던짐이 마땅치 아니하니라(막 7:27)

보통 때 같으면 예수님이 "고쳐 주리라." 그렇게 말씀하실 것인데, 이번에는 달랐다. "자녀로 먼저 배불리 먹게 해야 하고, 자녀의 떡을 개들에게 던지는 것이 마땅치 않다."는 것이다. 여기서 자녀는 유대인을 말한다. 개들은 이방인을 말한다. 유대인에게 줄 은혜를 이방인에게 주는 것이 마땅치 않다는 이야기이다. 예수님은 왜? 이렇게 이야기를 하셨을까? 평소의 예수님답지 않은 대답이 아닌가? 이 이야기를 들었을 때 그 여인은 충격을 받고 실망했을 것이다. 그 여인은 헬라인이고, 수로보니게 족속 출신이었다. 보통 사람 같았으면 화를 내고 예수님 앞을 떠났을지도 모른다. 그러나 그 여인은 예수님의 그런 이야기를 듣고도 포기하지 않았고 오히려 놀라운 믿음의 고백을 하였다.

여자가 대답하여 이르되 주여 옳소이다마는 상 아래 개들도 아이들이

먹던 부스러기를 먹나이다 (막 7:28)

여인은 "예수님 말씀이 맞습니다. 우리는 이방인이기 때문에 유대인들이 먼저인 것을 압니다. 그러나 개들도 아이들이 먹던 부스러기의 떡을 먹는 것처럼, 내가 이방인이라고 해도 부스러기의 은혜라도 좋으니 그 은혜를 내게 주십시오."라고 이야기 한 것이다. 여인은 모든 자존심을 다 내려놓았다. 자녀를 위해서 부모가 하지 못할 일이 뭐가 있겠는가? 자녀의 병을 고치기 위해서라면 여인은 자신의 생명이라도 내어놓으려고 했을 것이다. 그 여인은 예수님이 말씀은 그렇게 해도 사랑의 주님이라는 것을 듣고 있었다. 예수님이 수많은 사람을 불쌍히 여기서서 그들의 병을 고치고 귀신을 쫓아내 주셨다는 사실을 알고 있었다. 그래서 그 여인은 낙심하지 않고 예수님께 자신의 딸에게서 귀신을 쫓아내 달라고 간구한 것이다.

예수님은 고통 가운데 있는 한 영혼을 찾아오신다

여기서 우리가 주목해야 할 사실이 있다. 예수님이 두로 지방에 오신 이유는 바로 이 여인 때문이었다. 예수님은 두로 지방에서 다른 특별한 일을 하지 않으셨다. 예수님이 두로에서 하신 일은 이 여인을 만나 그 여인의 딸에게서 귀신을 쫓아내 주신 일이다. 예수님은 이 특별한 일을 하시려고 일부러 그 동네에 가신 것이다. 예수님은 이방인으로서 딸이 귀신 들려 고통 속에 살아가는 한 영혼을 아시고, 그를 찾아오신 것이다. 예수님은 그 여인에게 매정하게 말씀하신 것 같지만,

사실은 그 여인이 딸이 귀신 들려 눈물로 사는 것을 아시고 그 여인의 기도를 들으시고, 그 여인의 문제를 해결해 주시기를 원한 것이다. 그러나 그 여인이 정말로 어떤 일이 있어도 딸을 치료하기 원하는 간절함이 있는가를 보시기 위해서 일부러 그렇게 말씀하신 것이다. 예수님은 우리가 인생의 수많은 문제로 간구할 때 우리의 기도를 들으시고 우리를 찾아오신다. 예수님은 수고하고 무거운 짐을 가진 사람은 누구든지, 다 예수님께로 오라고 말씀하셨다. 우리가 가진 문제를 가지고 예수님께 나가면 예수님은 우리의 모든 문제를 해결해 주신다.

> 예수께서 이르시되 이 말을 하였으니 돌아가라 귀신이 네 딸에게서 나
>
> 갔느니라 하시매 여자가 집에 돌아가 본즉 아이가 침상에 누웠고 귀신이
>
> 나갔더라 (막 7:29-30)

예수님은 흔들리지 않는 여인의 확고한 믿음을 보셨다. 자신의 딸을 고치기 위해서라면 어떤 수모도 감당하겠다는 담대한 믿음의 모습이었다. 그것이 어머니이다. 어머니들은 자녀들을 위해서라면 어떤 수모도 어떤 고통도 감당할 준비가 되어있다. 회당장 야이로가 병들어 죽어가는 딸을 살리기 위해서 자신이 바리새인이며 회당장임에도 불구하고, 예수님 앞에 나와 엎드려 간구했던 것처럼, 부모는 자녀를 위해서 하지 못할 것이 없다. 예수님은 그와 같이 간절함으로 예수님께 부르짖는 한 이방 여인에게 기적의 선물을 주셨다. "돌아가라! 귀신이 네 딸에게서 나갔느니라." 그 여인은 얼마나 기뻤을까? 오늘도 우리가 예수님께 믿음으로 나아가 간구하고 믿음으로 살면 예수님은 우리의 믿음의 고백을 들으시고 기적을 선물로 주신다.

우리는 살아가면서 수많은 문제를 만난다. 그때 우리에게 필요한 것은 주님이 우리의 문제를 해결해 주신다는 믿음이다. 예수님이 우리를 사랑하심을 믿어라. 예수님이 우리의 기도를 듣고 계심을 믿어라. 예수님이 우리와 함께 하심을 믿어라. 그리고 예수님께 기도하라. 주님이 우리의 기도에 응답해 주신다. 매일 주님의 응답을 경험하며 살아가자.

하나님이 주신 권세로
기도하라[22)

예수님이 갈릴리 지방에 계실 때 사람들은 수많은 병자들을 데리고 예수님께 나왔다. 사람들은 병을 고치시는 예수님께 나와 자신들의 병을 고쳐 주시기를 원했다. 오늘 본문에 보면, 귀먹고 말 더듬는 사람을 예수께 데리고 나와서 그를 고쳐주기를 간구한 것을 볼 수 있다. 예수님은 그들의 간구에 응답하셔서 그를 고쳐주셨다. 본문이 우리에게 주는 교훈은 무엇일까?

기적을 기대하고 예수님께 나아가자

예수님은 병든 사람을 불쌍히 여기신다. 예수님은 사람들이 귀먹고 말 더듬는 사람을 예수님께 데리고 나왔을 때 그를 주목하여 보셨다. 그는 인생을 살아가면서 귀먹고 말을 더듬고 살아가니, 얼마나 힘들고 고통스러운 인생을 살았을까 생각하며 그를 불쌍히 여기셨다. 예수님의 기적은 사람들을 불쌍히 여기는 마음에서 나온다. 성경에 보면 예

---

22) 막 7:31-37

수님이 사람들에게 기적을 행하시기 전에 그들을 불쌍히 여겼다고 말한다.

> 예수께서 나오사 큰 무리를 보시고 불쌍히 여기사 그 중에 있는 병자를
> 고쳐 주시니라(마 14:14)

오늘도 우리가 예수님께 우리의 문제를 가지고 나가고, 우리의 질병을 가지고 나아갈 때, 예수님은 우리를 불쌍히 여겨주신다. 우리는 답답하고 연약한 모든 문제를 있는 그대로 예수님께 가지고 나가서 고백하자. 예수님은 우리를 불쌍히 여기셔서 문제를 해결해 주신다.

기적을 기대하고 예수님께 나아가자. 성경에 보면 수많은 사람들이 예수님께 나아갈 때 그들은 예수님이 자신들의 병을 고쳐주실 것을 기대하고 나갔다. 그럴 때마다 예수님은 그들의 병을 고쳐주셨다. 오늘도 우리는 기적을 기대하며 예수님께 나아가야 한다. 우리의 문제가 해결되고, 우리의 병이 고침받고, 우리 삶의 모든 것이 합력하여 선을 이룰 것을 기대하며 예수님께 나아가자. 우리가 이와 같이 기적을 기대하고 예수님께 나아갈 때 예수님은 우리에게 기적을 선물로 주신다.

하나님이 주신 권세를 가지고 기도하자

> 예수께서 그 사람을 따로 데리고 무리를 떠나사 손가락을 그의 양 귀에
> 넣고 침을 뱉어 그의 혀에 손을 대시며 하늘을 우러러 탄식하시며 그에게
> 이르시되 에바다 하시니 이는 열리라는 뜻이라(막 7:33-34)

예수님은 기도하실 때 권세를 가지고 기도하셨다. 그 병자를 향하여 "열리라!"라고 명령하신 것이다. 놀랍게도 예수님께서 그 병자를 향하여 권세를 가지고 명령하실 때 기적이 일어나게 된 것이다. 예수님이 평소에 하신 기도는 크게 두 가지로 나눌 수 있다. 첫째로, 예수님이 하는 기도는 간구하는 기도이다. 예수님이 하나님께 나아가 기도할 때, 주로 간구하는 기도를 하셨다. 이런 기도는 하나님과의 교제와 관계를 중심으로 드리는 기도이다. 간구하는 기도를 통하여 우리는 우리의 마음을 하나님께 쏟아 놓게 된다. 오늘 본문을 보면, 예수님은 먼저 하늘을 우러러 탄식하셨다. 하나님께 나아가 "하나님 아버지, 이 사람이 이렇게 살아가는 것이 얼마나 고통스러울까요? 이 사람을 고쳐주십시오."라며 그를 불쌍히 여기는 마음으로 기도하셨다. 예수님은 우리를 긍휼히 여기시고, 우리의 연약함을 보시며 안타까워하시면서 때로 탄식하며 간구하신다. 성경에 보면 성령도 때때로 탄식하여 기도하시는 것을 볼 수 있다.

이와 같이 성령도 우리의 연약함을 도우시나니 우리는 마땅히 기도할 바를 알지 못하나 오직 성령이 말할 수 없는 탄식으로 우리를 위하여 친히 간구하시느니라 (롬 8:26)

둘째로, 예수님이 사용하신 기도는 명령하는 기도이다. 예수님은 간구하는 기도와 함께 자주 명령하는 기도를 하셨다. 예수님은 귀신을 향하여 명령하셨다. "귀신은 나가라!"라고 말씀하셨다. 오늘 본문에도 예수님은 병자의 질병을 향하여 "에바다! 열리라!"라고 권세를 가지고 명령하셨다. 오늘 우리도 간구하는 기도와 함께 해야 할 기도가 권세를 가지고 명령하는 기도이다. 하나님은 이미 우리에게 그런 권세를 주셨다.

> 영접하는 자 곧 그 이름을 믿는 자들에게는 하나님의 자녀가 되는 권세
> 를 주셨으니(요 1:12)

우리가 하나님을 믿는 순간, 우리도 하나님의 자녀가 되는 권세를 주셨기 때문이다. 하나님의 자녀의 권세를 가지고 문제를 향하여 질병을 향하여 명령할 때, 그 문제는 해결되고, 귀신은 떠나가고, 기적은 일어나게 되는 것이다.

주님이 주신 기쁨을 다른 사람에게 알리자

> 예수께서 그들에게 경고하사 아무에게도 이르지 말라 하시되 경고하실
> 수록 그들이 더욱 널리 전파하니(막 7:36)

예수님은 기적을 아무에게도 이르지 말라고 말씀하셨다. 예수님은 왜? 기적을 아무에게도 말하지 말라고 하신 것일까? 예수님은 병든 사람들, 고통 가운데 있는 사람들이 그 고통에서 자유를 얻는 것을 너무나 기뻐하셨다. 그러나 그들이 나가서 간증을 하고 다닐 때마다 예수님의 사역은 더욱 위축될 수밖에 없었다. 바리새인들과 같은 종교인들이 예수님의 기적을 보며 위협을 느꼈기 때문이다. 예수님을 향한 핍박과 공격은 점점 더 심해져갔다. 그들은 예수님의 사역을 방해하였다. 그래서 예수님은 많은 사람들의 병을 고치면서도 예수님이 십자가를 지실 때가 올 때까지는 자신이 행한 기적을 사람들에게 알리기를

원치 않은 것이었다.

  기쁨은 감출 수 없다. 예수님은 병 고침 받은 사람들이 예수님이 하신 기적을 다른 사람에게 말하지 말라고 하셨어도 그들이 경험한 그 놀라운 은혜를 감출 수가 없었다. 기쁨은 감출 수 없다. 기쁨을 가진 사람은 아무리 그 기쁨을 감추려고 해도 자신도 모르게 얼굴에 미소가 지어지고, 그의 몸이 그 기쁨을 말하기 때문이다. 고침 받은 사람은 하지 말라고 해도 가는 곳마다 예수를 자랑했다. "예수님이 내게 이렇게 기적을 베풀어 주셨습니다! 예수님이 나에게 이런 놀라운 일을 이루셨습니다."라고 그는 외치고 다녔다. 왜? 그랬을까? 너무나 기뻐서였다. 일평생 듣지 못하고, 말을 못하고 살다가 듣고 말을 할 수 있다는 것은 얼마나 놀라운 은혜인가? 그래서 말하지 말라고 해도 기쁜 소식을 전한 것이다. 오늘 우리는 얼마나 놀라운 은혜를 경험했는가? 우리의 가정, 자녀, 육신의 질병을 치료하시는 하나님을 만나지 않았는가? 그 놀라운 기쁨을 혼자만 간직하지 말고, 많은 사람들에게 알리고 전하며 살아가자. 우리가 받은 그 기쁜 소식을 온 천하에 전하며 살아가자.

  예수님은 기적을 기대하고 예수님께 나오는 사람들에게 기적을 베풀어 주신다. 예수님은 간구하는 기도와 명령하는 기도를 사용하신다. 예수님은 탄식하여 간구하고, 우리의 문제와 질병을 향하여 명령하심으로 문제를 해결해 주신다. 오늘 우리도 예수님께 간구하고, 하나님의 자녀의 권세로 문제를 향하여 명령하고, 병을 향하여 명령하고, 기적을 경험하며 살아가자. 그래서 주님이 주시는 그 놀라운 기적을 체험하며, 주님이 주신 기쁨을 날마다 전하며 살아가자.

내 십자가를 짊어지고 에수님을 따르자[23]

예수님은 어느 날 제자들에게 "사람들이 나를 누구라 하느냐?"라고 물으셨다. 제자들은 어떤 사람은 침례 요한이라고 하고, 어떤 사람은 엘리야라고 하고, 어떤 사람은 선지자라고 한다고 대답했다. 그러자 예수님은 "그러면 너희는 나를 누구라 하느냐?"라고 물으셨다.

> 또 물으시되 너희는 나를 누구라 하느냐 베드로가 대답하여 이르되 주
> 는 그리스도시니이다 하매(막 8:29)

예수님은 베드로가 예수님을 그리스도라 고백하는 것을 들으시고 기뻐하셨다. 예수님은 비로소 자신이 사람들에게서 많은 고난을 받으시고 십자가에서 죽으셨다가 사흘 만에 다시 살아나실 것을 말씀하셨다. 오늘 우리는 예수님을 누구로 알고 있는가? 본문이 우리에게 주는 교훈은 무엇일까?

---

23)   막 8:27-38

예수님은 우리의 주인이시다

베드로는 예수님을 "주는 그리스도"라고 고백했다. 예수님을 주인이라고 고백한 것이다. 오늘 우리는 예수님이 나의 주인이라는 사실을 잊지 말아야 한다. 오늘 우리는 누구의 이야기에 귀를 기울이고 살아가는가? 내 생각과 내 판단이 아니라 우리의 주인 되신 예수님의 말씀을 중심으로 살아가야 한다.

예수님은 그리스도이시다. 그리스도란 말은 "기름부음을 받은 자"라는 뜻이다. 구약성경에는 세 종류의 사람들이 기름부음을 받는다. 왕, 제사장, 선지자이다. 예수님은 그리스도로서 왕, 제사장, 선지자의 삼중 사역을 감당하셨다.

예수님은 왕이시다. 예수님은 십자가를 지시기 전에 빌라도 총독 앞에 서서 심문을 받았다. 그때 빌라도는 예수님께 물었다. 네가 유대인의 왕이냐? 그때 예수님은 자신이 유대인의 왕이라고 말씀하셨다. 예수님은 우리의 왕이 되신다.

예수님은 선지자이시다. 선지자는 하나님의 말씀을 전하는 사람이다. 예수님은 이 땅에 오셔서 하나님의 말씀을 전하였다. 예수님은 자신이 하는 말이 자신의 말이 아니요, 아버지의 말이고, 자신은 아버지의 말을 전하는 것이라고 했다. 예수님은 선지자로서 우리를 구원으로 인도하신다.

예수님은 제사장이시다. 제사장은 죄인들과 함께 그들의 제물을 가지고 하나님께 나아가 하나님께 제사를 드리고, 죄인들의 죄를 사하는 제사를 드리는 일을 하였다. 예수님은 자신의 피를 흘려 제사를 드리심으로 우리의 죄에서 우리를 건져 주시고 구원해 주셨다.

하나님의 뜻을 따라서 살자

> 드러내 놓고 이 말씀을 하시니 베드로가 예수를 붙들고 항변하매(막 8:32)

예수님이 장로들과 대제사장들과 서기관들에게 버린바 되어 죽임을 당하시고 사흘 만에 살아나실 것을 그들에게 가르치시니 베드로는 예수님을 붙들고 항변하였다. 여기서 항변하다는 말의 원어의 의미는 "꾸짖다"는 의미이다. 말이 되는 말인가? 어떻게 제자가 주님께 꾸짖을 수 있는가? 이것은 베드로가 예수님이 하시는 말이 이해가 되지 않았기 때문이다. 당시의 베드로는 예수님의 십자가의 죽음과 부활의 의미를 알지 못했다. 그래서 예수님의 말씀에 반대 한 것이다.

하나님의 뜻은 우리의 뜻과 다를 때가 있다.

> 이는 하늘이 땅보다 높음 같이 내 길은 너희의 길보다 높으며 내 생각은 너희의 생각보다 높음이니라(사 55:9)

베드로는 예수님이 십자가에서 돌아가셔서는 안 된다고 생각했다. 예수님이 십자가에서 죽으시면 모든 것이 끝난다고 생각했다. 그러나 하나님은 예수님이 십자가의 죽으심과 부활을 통하여 놀라운 구원을 이루기 원하셨다. 예수님이 십자가에서 피 흘려 죽으심으로 우리에게 영원한 속죄를 이루시고, 성령의 권능을 받아 사명을 감당하고 살게 하시고, 가난과 저주에서 자유롭게 하시고, 아브라함의 복을 주시고, 육신의 병을 고쳐 주시고, 영원한 천국을 주시기 원하셨다.

하나님의 뜻을 반대하는 것은 사탄의 생각이다. 예수님은 베드로가 예수님께서 십자가에서 죽으실 것을 막는 말을 하자 베드로를 꾸짖으셨다. "사탄아 내 뒤로 물러가라!"라고 말씀하셨다. 그것은 베드로가 사탄이라는 것이 아니라 베드로의 배후에서 사탄이 와서 역사하고 있어서 예수님의 사역을 반대하는 것을 예수님이 보신 것이다. 우리의 삶에는 순간순간 사탄이 와서 하나님의 뜻을 반대하며 하나님의 뜻이 이루어지지 않도록 역사할 때가 있다는 것을 알아야 한다. 하나님의 생각과 다른 생각이 다가오는가? 내 육신의 정욕과 안목의 정욕과 이 생의 자랑이 나의 마음을 사로잡고 있는가? 이때 우리는 "사탄아 내 뒤로 물러가라!"라고 외쳐야 한다. 사탄을 쫓아내야 한다. 예수님은 베드로의 배후에서 역사하는 사탄을 내 쫓으셨다.

자기의 십자가를 지고 예수님을 따르자

> 무리와 제자들을 불러 이르시되 누구든지 나를 따라오려거든 자기를
> 부인하고 자기 십자가를 지고 나를 따를 것이니라(막 8:34)

자기를 부인하고 자기 십자가를 지고 예수님을 따른다는 말의 의미

가 무엇인가? 예수님이 하신 말씀대로 우리가 사람의 생각대로 따라서 살지 말고, 하나님의 생각을 따라서 살라는 것이다. 오늘 우리는 매일 누구의 일을 생각하고 살아가는가? 나 혼자 행복해 하고, 나 혼자 잘 살고, 나 혼자 모든 것을 이루는 것만을 생각하는가? 모든 것의 초점이 내게만 있는가? 오늘 예수님은 우리가 자신을 부인해야 한다고 말씀하신다. 자신의 인본주의적인 생각, 자신의 이기적인 생각을 부인해야 한다. 하나님이 오늘 우리에게 원하시는 것이 무엇인지 생각하며 살아야 한다. 오늘 하나님은 우리가 하나님의 일을 생각하고 살라고 하신다. 그것이 자신의 십자가를 지고 사는 삶이다.

어떻게 하면 기도할까? 어떻게 하면 말씀을 읽고 묵상할까? 어떻게 하면 전도할까? 어떻게 하면 사랑을 나누고 구제하고 살 수 있을까? 우리 각자에게 주어진 주님이 주신 십자가를 짊어지고, 하나님의 계획을 생각하며 살아가야 한다.

오늘 우리는 예수님이 누구라고 생각하고 살고 있는가? 예수님이 우리의 주님이라는 것을 잊지 말아야 한다. 예수님을 주인이라고 부르고, 내 마음대로 내 뜻대로 살려고 해서는 안 된다. 예수님이 나의 주님이요, 구원자이심을 늘 기억하며 살아야 한다. 예수님이 하나님의 뜻을 이루기 위해서 애쓰신 것처럼 우리도 하나님의 뜻을 이루기 위해서 애쓰며 살아야 한다. 날마다 자기의 십자가를 짊어지고 예수님의 뜻을 따르며 살아가자.

예수님의 말씀에 귀를 기울이자[24)]

예수님은 하루는 베드로, 야고보, 요한 세 제자와 함께 높은 산으로 올라가셨다. 예수님은 그들이 보는 앞에서 변화 되셨다. 빨래하는 사람이 그렇게 희게 할 수 없을 정도로 예수님의 옷이 희게 변화되었다. 그 산에 모세와 엘리야가 나타나서 예수님과 대화를 하였다. 예수님은 왜 제자들을 데리고 산으로 올라가서서 변화 되셨으며, 모세와 엘리야는 그곳에서 왜 예수님께 나타난 것일까? 본문이 우리에게 주는 교훈은 무엇일까?

예수님의 죽음과 부활을 기억하라

엿새 후에 예수께서 베드로와 야고보와 요한을 데리시고 따로 높은 산에 올라가셨더니 그들 앞에서 변형되사(막 8:34)

예수님이 높은 산으로 올라가서서 변형되신 것을 제자들에게 보여주

---

24) 막 9:2-8

신 것은 제자들에게 장차 예수님이 십자가에서 죽으시고, 부활의 영광스런 모습으로 변화될 것을 미리 보여주시는 것이다. 예수님은 죽으신 후에 다시 부활하실 것이다. 예수님의 죽음과 부활은 우리의 구원을 확증해 주시는 것이다. 예수님의 죽음과 부활은 우리를 가난과 저주에서 자유롭게 하시고, 아브라함의 복을 주셨음을 확증해 주시는 것이다. 예수님의 죽음과 부활은 우리의 모든 병에서 우리를 자유롭게 하시는 주님의 치유를 확증해 주시는 것이다. 예수님의 옷이 광채가 나고 희게 변형된 것처럼 예수님은 우리를 모든 어둠에서 건져 놀라운 빛으로 충만한 삶으로 변화시킬 것이다. 오늘 어떤 수고하고 무거운 짐이 있는가? 예수님이 주시는 변화의 은혜 가운데 살아가자.

예수님은 우리를 구원으로 인도하신다

> 이에 엘리야가 모세와 함께 그들에게 나타나 예수와 더불어 말하거늘
>
> (막 9:4)

예수님이 산으로 올라갔을 때 그곳에 모세와 엘리야가 나타난 것은 놀라운 일이었다. 왜 모세와 엘리야가 나타난 것일까?

예수님은 율법의 완성자이시다. 하나님은 모세를 시내산으로 부르시고 그에게 십계명을 주셨다. 하나님은 모세에게 율법을 주심으로 사람들이 그 율법을 따라서 살아가기를 원하셨다. 사람들은 하나님이 주신 율법을 지키기 위해서 많은 노력을 했다. 그러나 그들이 율법을 지키려고 하면 할수록 그들은 죄 많은 존재요, 율법을 어기는 존재라는

것을 깨닫게 되었다. 예수님은 율법의 완성자로 이 땅에 오셨다. 어떻게 율법을 완전하게 할 수 있는가? 사랑으로 율법을 완전하게 만드는 것이다. 하나님을 사랑하고, 이웃을 자신의 몸처럼 사랑 할 때 율법을 완성하게 되는 것이다. 오늘 우리도 이웃을 사랑하고, 용서하며 살자. 율법의 완성인 사랑을 이루며 살아가자.

예수님은 사람들을 하나님께로 인도한다. 예수님 앞에 왜? 엘리야가 나타난 것일까? 엘리야는 구약 시대의 선지자를 대표하는 사람이다. 선지자는 하나님의 말씀을 전하고 백성들을 하나님 앞으로 인도하는 사람이다. 예수님은 선지자로서 인류를 하나님께로 이끌기를 원하셨다. 하나님이 아무리 선지자들을 보내도 이스라엘 백성들은 선지자들의 말을 무시하고 하나님께 돌아오지 않았다. 결국 예수님은 하나님의 아들로서 선지자의 사역을 이 땅에 완성하러 오셨다. 사람들을 그들의 죄에서 이끌어 하나님을 의지하고, 믿음으로 사는 길을 알려주시기 위해서, 영원한 천국을 선물로 주시기 위해서 이 땅에 오신 것이다.

예수님의 말씀에 귀 기울이자

마침 구름이 와서 그들을 덮으며 구름 속에서 소리가 나되 이는 내 사랑하는 아들이니 너희는 그의 말을 들으라 하는지라(막 9:7)

구름은 하나님의 임재를 의미한다. 제자들이 초막 셋을 짓겠다고 말을 하는 순간에 구름이 와서 그들을 덮었다. 그리고 그 구름 속에서 하나님의 음성이 들렸다. 출애굽기에 보면 하나님이 이스라엘 백성들과 함께 하시는 것을 상징적으로 보여주기 위해서 하나님은 구름 기둥을 보내서서 이스라엘 백성들을 인도하셨다. 구름은 하나님의 임재를 보여준다.

하나님은 예수님을 사랑하신다. 구름 가운데 소리가 났다. "이는 내 사랑하는 아들이니…"라는 말씀이었다. 그 소리는 하나님이 그 가운데 계서서 그들에게 하신 말씀이었다. 하나님이 뭐라고 말씀하시나? "이는 내 사랑하는 아들이니." 하나님은 예수님을 하나님의 사랑 받는 아들이라고 말씀하셨다. 하나님은 예수님을 십자가에 내어 주실 것이다. 예수님을 십자가에 내어 주시는 하나님은 예수님이 싫어서 버리는 것이 아니다. 하나님은 예수님을 사랑하신다. 그럼에도 불구하고 십자가에 예수님을 내어주신 이유는 예수님이 아니고는 구원의 길이 없기 때문이다. 사랑하는 아들을 십자가에 내어주시는 그 하나님의 마음을 헤아려 보자.

예수님의 말씀에 순종하자. 하나님이 뭐라고 하셨나? "너희는 그의 말을 들으라." 오늘 하나님은 우리가 예수님의 말씀을 들으라고 말씀하신다. 베드로는 예수님이 십자가를 지시겠다고 하자 그러지 말라고 예수님께 말했다. 반대했다. 우리는 내 뜻이 아니라 예수님의 뜻을 따라서 살아야 한다. 성경은 우리가 예수님께 순종하라고 말씀하신다. 무엇을 순종해야 하는가?

예수님 안에 거하자.

내 안에 거하라 나도 너희 안에 거하리라 가지가 포도나무에 붙어 있지
아니하면 스스로 열매를 맺을 수 없음 같이 너희도 내 안에 있지 아니하
면 그러하리라 (막 9:7)

예수님 안에 거하며 기도하자.

너희가 내 안에 거하고 내 말이 너희 안에 거하면 무엇이든지 원하는 대
로 구하라 그리하면 이루리라 (요 15:7)

오늘 우리도 예수님의 말씀에 귀를 기울이자. 그의 말을 들으라고 하신 말씀대로 예수님의 말씀에 순종하며 살아가자.

예수님은 제자들과 함께 산에 올라가셔서 변화되셨다. 예수님의 변화와 같이 장차 예수님은 십자가에서 죽으시고, 부활하심으로 자신의 변화될 모습을 미리 제자들에게 보여주신 것이었다. 예수님은 구약의 율법의 완성자이시고, 선지자의 완성으로서 십자가에서 모든 것을 이루셨다. 하나님은 제자들에게 예수님의 말씀에 귀를 기울이고, 예수님만 바라보라고 말씀하셨다. 우리도 예수님의 말씀에 귀를 기울이고 늘 예수님을 바라보며 살아가자.

할 수 있다는 믿음을 갖자[25]

예수님이 산에서 내려와 보니, 많은 사람들이 예수님의 제자들을 둘러싸고 변론을 하고 있었다. 한 아버지가 자신의 귀신 들린 아들을 예수님께 데리고 와서 그 아이에게서 귀신을 쫓아달라고 했으나 제자들이 능히 쫓지 못하고 있었기 때문이다. 예수님은 그 아이를 데리고 오라고 하시고, 그 아이에게서 귀신을 쫓아주셨다. 본문이 우리에게 주는 교훈은 무엇일까?

우리에게는 수많은 문제가 다가온다

우리는 삶을 살아가면서 많은 문제를 만난다. 그 원인은 크게 세 가지로 볼 수 있다. 첫째는, 우리의 부주의함 때문에 문제가 다가오기도 한다. 예를 들어서 여름에 창문을 열고 자면 새벽에 기온이 떨어지면서 감기에 걸리기 쉽다. 우리의 부주의함 때문에 감기에 걸리는 것이다. 우리는 우리의 몸을 잘 돌보아야 한다. 우리는 몸이 너무 피곤하지

---

25) 막 9:20-29

않도록 돌보아야 한다. 우리는 우리의 몸이 건강하게 유지되도록 주의하며 적당한 운동을 해야 한다. 둘째는, 마귀의 시험으로 문제가 다가오기도 한다.

> 근신하라 깨어라 너희 대적 마귀가 우는 사자 같이 두루 다니며 삼킬
> 자를 찾나니(벧전 5:8)

마귀는 우리를 삼키려고 공격한다. 이스라엘 백성들이 광야에 나왔을 때 갑자기 아말렉이 쳐들어 온 것처럼 마귀는 우리가 예상치 않은 때에 다가와서 공격한다. 우리가 마귀의 공격을 막기 위해서는 늘 근신하여 깨어 있어야 한다. 깨어 있다는 것은 늘 기도와 말씀으로 무장하는 것을 말한다. 마귀가 공격해 와도 깨어있으면 얼마든지 마귀를 대적하고, 승리의 삶을 살 수 있는 것이다. 셋째는, 하나님의 훈련으로 문제가 다가오기도 한다. 하나님은 이스라엘 백성들을 애굽에서 나오게 하시고, 이스라엘 백성들을 광야에서 40년간을 돌게 하셨다. 애굽에서 가나안까지는 2주일 정도면 충분히 들어갈 수 있는 거리였다. 그러나 하나님은 그들을 40년간을 광야에서 살게 하셨다. 그것은 하나님이 그들을 광야에서 믿음을 훈련시키기 위함이었다.

> 네 하나님 여호와께서 이 사십 년 동안에 네게 광야 길을 걷게 하신 것
> 을 기억하라 이는 너를 낮추시며 너를 시험하사 네 마음이 어떠한지 그 명
> 령을 지키는지 지키지 않는지 알려 하심이라(신 8:2)

누구나 살아가면서 문제를 만난다. 그러나 어떤 문제를 만나든지 그 문제를 믿음으로 이기며 살아가야 한다.

할 수 있다는 믿음을 가져야 한다

오늘 본문에 보니, 귀신 들린 아이의 아버지는 예수님의 제자들이 귀신을 쫓아내지 못하였으므로 예수님도 못하실 것이라는 부정적인 생각을 했다. 그래서 예수님께 무엇을 하실 수 있으면 도와달라고 말씀드렸다.

> 예수께서 그 아버지에게 물으시되 언제부터 이렇게 되었느냐 하시니 이르되 어릴 때부터니이다 귀신이 그를 죽이려고 불과 물에 자주 던졌나이다 그러나 무엇을 하실 수 있거든 우리를 불쌍히 여기사 도와 주옵소서(막 9:21-22)

"무엇을 하실 수 있거든…"이라는 말은 예수님의 제자들도 못했으니 예수님도 못할 것이라는 불신이 깔려있다. 예수님은 그 말을 들으시고, 그에게 말씀하셨다.

> 예수께서 이르시되 할 수 있거든이 무슨 말이냐 믿는 자에게는 능히 하지 못할 일이 없느니라 하시니(막 9:23)

할 수 있다고 생각하자. 예수님이 "할 수 있거든이 무슨 말이냐?"라고 말하신 이유는 부정적인 생각과 말이 부정적인 열매를 맺기 때문이다. 우리가 어떤 생각을 가지고 사는가 하는 것은 아주 중요하다. 우리가 어떤 생각을 가지고 있는가에 따라서 우리의 삶이 달라지기 때문이다. 하나님은 모세를 부르시고, 그의 생각을 긍정적으로 바꾸어 주셨다. 처음에 모세는 하나님이 부르실 때, 자신은 입술도 둔하고, 나이도 많고,

하나님이 시키시는 일을 하기에 합당한 사람이 아니라고 생각했다.

> 모세가 하나님께 아뢰되 내가 누구이기에 바로에게 가며 이스라엘 자
> 손을 애굽에서 인도하여 내리이까 하나님이 이르시되 내가 반드시 너와
> 함께 있으리라 네가 그 백성을 애굽에서 인도하여 낸 후에 너희가 이 산에
> 서 하나님을 섬기리니 이것이 내가 너를 보낸 증거니라(출 3:11-12)

하나님은 모세가 대단해서 애굽에 보내는 것이 아니라 내가 너와 함께 있기 때문에 가능하다고 말씀하셨다. 하나님이 같이 계시면 안 될 일이 무엇이 있겠는가? 모세는 하나님의 말씀을 듣고 생각을 바꾸었다. '하나님이 나와 함께 하시면 모든 것이 가능하다!' 그렇게 생각하고 애굽에 가니, 하나님이 함께 하심으로 이스라엘 백성들을 애굽에서 건져낼 수 있었다. 우리도 부정적인 생각과 말을 버려야 한다. 할 수 있거든이 무슨 말이냐! 할 수 있다고 고백해야 한다. 하나님이 나와 함께 하시니 나는 모든 것을 할 수 있다.

할 수 있다고 믿자. 예수님은 믿는 자에게는 못할 일이 없다고 말씀하셨다. 믿으면 모든 것이 가능하다는 것이다. 우리는 문제를 만나면 자신도 모르게 위축되는 경우가 있다. 제자들도 그랬다. 갑자기 귀신 들린 아이를 데리고 온 아버지를 보면서 자신들이 감당하기에는 너무나 벅찬 문제라고 생각했다. 그들이 그런 생각을 하자마자 그들의 믿음은 완전히 사라졌다. 제자들은 자신들이 그 아이에게 있는 귀신을 쫓아내지 못할 것을 믿게 되었다. 그런 믿음으로 귀신을 쫓아내니 귀신이 나갈리가 없는 것이다. 분명한 믿음을 가져야 한다. 오늘 우리는 예수님이 함께 하시니 할 수 있다는 생각과 믿음을 가지고 살아가자.

우리에게 주신 권세를 사용하여 기도하자

귀신을 향하여 꾸짖어야 한다. 예수님은 그 아이에게 있는 귀신을 향하여 꾸짖으셨다. 사정을 하시지 않았다. 설명을 하려고 하지도 않았다. 예수님은 단호하게 귀신을 향하여 꾸짖으셨다. 예수님이 이와 같이 권세를 가지고 귀신을 향하여 꾸짖을 수 있었던 이유는 예수님은 하나님이 주신 권세를 가지고 계셨기 때문이다.

> 예수께서 나아와 말씀하여 이르시되 하늘과 땅의 모든 권세를 내게 주
> 셨으니(마 28:18)

예수님은 하늘과 땅의 모든 권세를 가지고 계신다. 그 권세로 귀신을 쫓아내셨다. 예수님은 예수님이 가지신 그 권세를 오늘 우리에게도 주고 계신다. 우리도 담대하게 그 권세를 가지고 나가서 귀신을 쫓아내고, 문제를 해결하고, 병을 고쳐야 한다. 예수님이 주신 놀라운 권세를 가지고 귀신을 쫓아내고, 병든 자를 치료하며 살아가자.

우리의 인생에는 많은 문제가 다가온다. 어떤 문제가 다가와도 그 문제보다 크신 하나님이 함께 하신다. 어려움이 다가올 때 하나님이 함께하신다는 것을 생각하고, 믿음으로 기도할 때 하나님은 우리의 기도를 응답하신다. 오늘도 기적이 일어난다.

섬기는 사람이 되자[26]

하루는 예수님의 제자들이 길을 걸어가며 이야기를 하다가 의견 충돌이 있었다. 예수님이 보니 제자들의 표정이 예사롭지가 않았다. 그래서 예수님은 너희는 오늘 길에서 오면서 무슨 이야기를 했느냐고 물으셨다. 이야기를 듣고 보니, 제자 중에 누가 첫째냐고 하는 이야기였다. 예수님은 제자들을 불러서 지도자의 자세에 대하여 말씀하셨다. 지도자가 되기를 원하는 사람은 어떤 자세를 갖추어야 할까? 본문이 우리에게 주는 교훈은 무엇일까?

지도자는 섬겨야 한다

예수님은 지도자가 되어 첫째가 되기를 원하는 사람은 먼저 섬기는 사람이어야 한다고 말씀하셨다. 어떻게 보면 섬김은 지도자의 덕목과는 관계가 없는 것처럼 보인다. 지도자라고 하면 다른 사람 위에 있는 사람처럼 들린다. 그런데 지도자가 섬겨야 한다니 얼핏 이해가 되지

---

26) 막 9:33-41

않을 수 있다. 예수님이 말씀하시는 섬김이란 무엇인가?

섬김은 자기중심의 이기적인 생각을 내려놓는 것이다. 섬기는 사람이라는 말의 의미는 첫째가 되려는 것이 아니라 끝이 되려는 마음가짐이다.

> 예수께서 앉으사 열두 제자를 불러서 이르시되 누구든지 첫째가 되고
> 자 하면 뭇 사람의 끝이 되며 뭇 사람을 섬기는 자가 되어야 하리라 하시
> 고(막 9:35)

누가 사람들을 섬길 수 있나? 내가 아니라 다른 사람을 중심으로 여길 때 비로소 섬길 수 있는 마음이 생기게 되는 것이다. 예수님은 제자들과 식사를 하시고, 물을 떠다가 제자들의 발을 씻겨 주시고, 그 발을 수건으로 닦아주셨다. 제자들은 이해가 되지 않았다. 선생님이 어떻게 제자들의 발을 씻겨 줄 수 있나? 예수님은 제자들에게 섬김의 모습을 직접 보여주신 것이다. 지도자가 되기를 원한다면 먼저 섬기며 발을 씻겨 주겠다는 자세를 가져야 한다.

섬김은 희생을 감수하는 것이다. 예수님은 제자들이 서로에게 희생하라고 가르쳐 주셨다. 예수님은 이 세상에 오셔서 십자가의 죽으심을 통하여 참된 섬김이 무엇인지 보여주셨다. 자신이 십자가를 지시고 죽으심으로 우리를 구원으로 인도해 주신 것이다. 예수님께서 십자가에서 죽으시고 희생하심으로 우리에게 구원을 베풀어 주신 것처럼 우리도 나의 십자가를 지고, 나의 죽음을 선포하고, 희생하며 살아야 한다. 가정에서 남편과 아내 간에도 내가 먼저 십자가에서 죽고, 내가 먼

저 희생을 감수하겠다는 자세를 가질 때 비로소 부부간에 갈등이 멈추고 행복한 가정이 되는 것이다.

지도자는 사람들을 인격적으로 대해야 한다

지도자는 자신을 따르는 사람을 인격적으로 대하는 사람이어야 한다. 어린 아이도 무시하지 않고, 예수님의 이름으로 그들을 하나의 인격체로 대우해 주고, 영접해 주라는 것이다.

> 누구든지 내 이름으로 이런 어린 아이 하나를 영접하면 곧 나를 영접함
> 이요 누구든지 나를 영접하면 나를 영접함이 아니요 나를 보내신 이를 영
> 접함이니라(막 9:35)

지도자는 자신을 따르는 사람을 인격적으로 대우해 주고, 존댓말을 사용하자. 지도자가 자신에게 존댓말을 써줄 때 사람들은 감동한다. 그리고 지도자의 말을 더욱 신뢰하고 잘 따르게 될 것이다. 막말이나 욕을 하지 말아야 한다. 막말 속에는 그 사람을 무시하려는 마음이 숨어 있는 것이다. 사람들에게 욕을 한다든지, 무시하는 말을 하지 말자.

> 구부러진 말을 네 입에서 버리며 비뚤어진 말을 네 입술에서 멀리 하라
>
> (잠 4:24)

바울은 아내들에게 남편에게 복종하기를 주께 하듯 하라고 했고, 종들에게 상전에게 마음을 다하여 주께 하듯 하라고 말했다.

> 무슨 일을 하든지 마음을 다하여 주께 하듯 하고 사람에게 하듯 하지
> 말라(골 3:23)

이것은 단순히 아내와 종들에게만 국한된 말이 아니다. 우리 모두가 서로에게 이런 태도와 자세를 가지고 살아야 한다. 우리는 서로가 섬기고 희생하는 지도자가 되자.

지도자는 마음의 여유가 있어야 한다

> 요한이 예수께 여짜오되 선생님 우리를 따르지 않는 어떤 자가 주의 이
> 름으로 귀신을 내쫓는 것을 우리가 보고 우리를 따르지 아니하므로 금하
> 였나이다(막 9:38)

예수님의 이름에는 놀라운 권능이 있다. 심지어는 예수님의 제자가 아닌 사람도 예수님의 이름으로 귀신을 쫓아 낼 때 귀신이 떠나갔다. 성경에 보면 예수님과 관계없는 어떤 사람이, 단지 예수님의 이름을 사용하여 귀신을 내 쫓는 것을 제자들이 보았다. 요한은 그런 사람들에게 예수님의 이름을 사용하여 귀신을 쫓아내는 것을 금지했다. 예수님과 관계도 없는 사람이 어떻게 예수님의 이름을 사용하느냐는 것이었다. 그러나 예수님은 그 이야기를 들으시고, 그들이 예수님의 이름을 사용하는 것을 금하지 말라고 말씀하셨다. 예수님은 사람들이 예수님의 이름을 사용하는데 있어서 한계를 두지 않으셨다. 그들이 예수의 이름을 사용한다고 해도, 귀신을 쫓아내고, 병든 자를 고치는 것은 사람들에게 유익을 주는 것이기 때문이다. 예수님은 너그러운 마음을 가

지고 사셨다.

　오늘 우리도 이런 너그러운 마음을 가지고 살아야 한다. 우리는 살아가면서 자신도 모르게 마음이 각박해지고, 마음의 여유가 없어져서 삶에 어려움이 다가올 때가 많다. 남편과 아내가 갈등하고, 싸우는 것을 보면 사실은 별로 큰 문제가 아니다. 사소한 문제를 가지고 갈등한다. 그렇다면 어떻게 하면 될까? 부부가 서로를 불쌍히 여기고 너그럽게 보아야 한다. 우리는 서로의 차이를 인정해주고, 너그러운 마음을 가지고 서로를 품어줘야 한다.

　사랑의 마음을 품고 살자. 지도자는 사랑의 마음을 가지고 따르는 사람들을 품는 것이다. 예수님은 사랑의 마음을 가지셨다. 심지어는 자신을 핍박하고, 자신을 십자가에 못 박는 사람까지 용서하시고, 그들을 사랑으로 품으셨다. 우리는 예수님처럼 마음의 여유를 가지고 살아야 한다. 서로를 불쌍히 여기고 서로를 품어주며 살아가자.

　우리도 섬기는 사람이 되어야 한다. 섬김을 받으려는 자세를 버리고, 서로를 섬기며 살아가자. 우리는 서로를 인격적으로 대하며 살아야 한다. 서로에게 존댓말을 쓰고, 서로를 귀히 여기며 살아야 한다. 우리는 너그러운 마음을 가지고 살아야 한다. 우리는 서로를 인정해주고, 서로의 상처를 품어주며 살아야 한다. 이런 지도자가 주님께 쓰임 받는 지도자이다. 이런 지도자가 되자.

맛을 내는 사람이 되자[27]

성경에 보면 소금에 대한 이야기가 많이 나온다. 소금은 성결하게 하는 도구로 사용되었다. 출애굽기 30장 35절에 보면 "그것으로 향을 만들되 향 만드는 법대로 만들고 그것에 소금을 쳐서 성결하게 하고…"라고 말한다. 성전에서 쓰는 향을 만들 때, 향을 만드는 법대로 만들고 마지막에 소금을 쳐서 그 향을 성결하게 하라고 말씀하고 있다. 소금은 부패를 막는 성질을 가지고 있어서, 소금을 뿌림으로 거룩하게 하는 것이다. 소금은 맛을 내는 재료로도 사용되었다. 욥기 6장 6절에 보면 "싱거운 것이 소금 없이 먹히겠느냐 닭의 알 흰자위가 맛이 있겠느냐?"라는 말씀이 있다. 오늘 우리가 읽은 본문에도 "소금이 맛을 잃으면 무엇으로 짜게 하겠는가?"라고 말씀하고 있다. 소금이 제 역할을 할 때 음식을 맛있게 하고, 음식을 부패하지 않게 만들어준다. 오늘 우리도 소금과 같이 맛을 내는 삶, 화목한 삶을 살라는 것이다. 본문이 우리에게 주는 교훈은 무엇일까?

---

27) 막 9:42-50

이웃을 실족하게 하지 말자

또 누구든지 나를 믿는 이 작은 자들 중 하나라도 실족하게 하면 차라리
연자맷돌이 그 목에 매여 바다에 던져지는 것이 나으리라(막 9:42)

우리는 살아가면서 조심해야 할 부분이 있다. 그것은 내 신앙생활을
잘 하는 것도 중요하지만, 우리 주변의 사람들을 실족하게 해서는 안
된다는 것이다.

말을 조심해야 한다. 우리가 살아가면서 가장 큰 문제가 되는 것은
말실수를 하는 것이다. 말이 입을 떠나는 순간 돌이킬 수 없는 일들이
일어난다. 한번 쏟아진 물은 담을 수 없듯이, 한번 우리의 입을 떠난
말은 다시 주워 담을 수 없다. 그래서 우리는 늘 말을 조심해야 한다.
내가 하는 말 한마디를 듣고, 사람들이 상처를 받고 실족할 수 있기
때문이다.

잘못된 말을 멀리 해야 한다. 사람들을 인정해주고 칭찬해 주는 말
은 사람을 살린다. 그러나 사람을 비교하고 부정적으로 말하는 것은
사람들에게 상처를 주고 실족시킨다. 아이들이 제일 싫어하는 말은 부
모가 아이들을 부모 친구의 자녀들과 비교하는 말이다. 우리는 늘 소
금이 맛을 내는 것처럼 사람들과의 관계에서 맛있는 사람이 되자.

구부러진 말을 네 입에서 버리며 비뚤어진 말을 네 입술에서 멀리 하라

(잠 4:24)

다가오는 유혹과 죄를 멀리하자

성경은 우리에게 죄의 유혹에서 단호하게 돌아서라고 말한다.

> 만일 네 손이 너를 범죄하게 하거든 찍어버리라 장애인으로 영생에 들
> 어가는 것이 두 손을 가지고 지옥 곧 꺼지지 않는 불에 들어가는 것보다
> 나으니라(막 9:43)

하와는 죄의 유혹에 넘어갔다. 창세기에 보면 에덴동산에 살고 있던 하와에게 뱀이 다가와서 속삭였다. 동산 가운데 있는 선악과를 먹으면 너도 하나님처럼 된다고 유혹했다. 그 말을 듣고 하와가 뱀이 말하는 그 과일을 보는 순간 먹음직하고, 지혜롭게 해 줄 과일처럼 보였다.

> 여자가 그 나무를 본즉 먹음직도 하고 보암직도 하고 지혜롭게 할 만큼
> 탐스럽기도 한 나무인지라 여자가 그 열매를 따먹고 자기와 함께 있는 남
> 편에게도 주매 그도 먹은지라(창 3:6)

뱀은 하와를 유혹해서 하나님이 그들에게 예비해 주신 놀라운 복을 잃어버리도록 만든 것이다. 오늘 예수님은 우리에게 말한다. 우리의 손이, 우리의 발이, 우리의 눈이 우리를 유혹으로 이끈다면 단호하게 손을 잘라버리고, 발을 잘라버리고, 눈을 뽑아버리는 것과 같은 결단으로 죄를 멀리하라는 것이다. 진짜로 손을 자르고, 발을 자르고, 눈을 뽑으라는 의미보다는 그 정도로 단호하게 다가오는 죄의 유혹에 대하여 대항하라는 것이다. 하와는 뱀의 유혹에 대항해야 했다. 자신의 눈에 보암직하게 보이는 것을 물리치고, 뱀을 대항하여 싸워야 했다. 그

러나 하와는 그러지 못하고, 자꾸 그 과일을 바라보다 보니, 그 과일이 먹고 싶어지고, 결국은 그 과일을 먹게 된 것이다.

창세기에 나오는 요셉은 다가온 유혹을 이겼다. 애굽에 노예로 팔려 갔던 요셉은 보디발 장군의 집에서 가정 총무로 일을 하게 되었다. 문제는 보디발의 아내였다. 보디발의 아내는 요셉을 좋게 보아 남편이 집을 비운 사이 요셉을 유혹했다.

> 그 여인이 그의 옷을 잡고 이르되 나와 동침하자 그러나 요셉이 자기의
>
> 옷을 그 여인의 손에 버려두고 밖으로 나가매(창 39:12)

요셉은 보디발의 아내의 집요한 유혹에도 넘어가지 않고, 자신의 옷을 버려두고 도망쳤다. 우리에게 죄가 다가올 때 단호하게 돌아서야 한다. 죄에서 도망쳐야 한다. 육신의 정욕, 안목의 정욕, 이생의 자랑의 유혹이 우리에게 다가온다. 그런 유혹을 담대하게 물리쳐야 한다. 예수님은 말씀하셨다. 우리에게도 어떤 유혹이 다가오더라도 단호하게 안 된다고 소리치며 죄에서 도망치라는 것이다.

지옥은 영원한 고통의 장소이다

> 만일 네 눈이 너를 범죄하게 하거든 빼버리라 한 눈으로 하나님의 나라
>
> 에 들어가는 것이 두 눈을 가지고 지옥에 던져지는 것보다 나으니라(창
>
> 39:12)

예수님은 죄를 범하지 말라고 말씀하신다. 사람이 죄를 지으면 그 죄로 인하여 지옥에 떨어질 것이기 때문이다. 13세기의 이태리의 유명한 시인 「단테」의 신곡에 보면 지옥편이 나온다. 지옥에는 이런 글이 쓰어 있다. "여기 들어오는 너희는 모든 희망을 버려라!" 지옥이 얼마나 고통스러운지 그곳에서는 희망을 버려야 한다는 것이다. 그러니 절대 죄를 범하여 지옥에 가지 말아야 한다는 것이다. 우리는 단호하게 죄를 멀리해야 한다.

거기에서는 구더기도 죽지 않고 불도 꺼지지 아니하느니라 사람마다 불로써 소금 치듯 함을 받으리라(막 9:48-49)

지옥에는 영원히 불이 타오른다. 그 불 속에 사람마다 불로써 소금 치듯 함을 받으리라고 말씀하고 있다. 말할 수 없는 고통이 그곳에 있는 것을 말하고 있는 것이다. 우리는 오늘도 지옥으로 향해서 걸어가는 수많은 사람들을 본다. 그들에게 다가가서 그들을 지옥에 가지 않도록 붙잡아줘야 한다. 예수님의 복음을 그들에게 전해줘야 한다. 그래서 그들을 천국으로 인도해줘야 한다.

우리는 소금이 맛을 내는 것처럼 사람들과 바른 관계를 가지고 살아야 한다. 이웃을 실족하게 하지 말아야 한다. 죄의 유혹에서 벗어나야 한다. 지옥에 갈 영혼들을 건져 천국으로 인도해야 한다. 이것이 하나님이 우리에게 주시는 사명이다. 이 한주간도 이 사명을 감당하며 살아가자.

한 마음이 되라[28)

창세기에 보면 하나님은 아담을 지으시고, 그가 혼자 사는 것이 보기에 좋지 않아서 하와를 지으시고, 아담의 돕는 배필로 주셨다. 창세기 2장 18절에 보면 "여호와 하나님이 이르시되 사람이 혼자 사는 것이 좋지 아니하니 내가 그를 위하여 돕는 배필을 지으리라 하시니라." 라고 말씀한다. 하나님은 부부 서로가 돕는 배필이 되어 서로를 도우며 살라고 말씀하셨다. 남편과 아내는 혼자서는 온전한 존재가 아니며, 서로가 돕고 살아갈 때 온전한 존재가 되는 것이다. 성경에서 예수님은 행복한 결혼 생활을 위하여 부부가 어떻게 해야 하는가에 대하여 말씀하셨다. 본문이 우리에게 주는 교훈은 무엇일까?

자녀는 성장하면 부모에게서 독립해야 한다

이러므로 사람이 그 부모를 떠나서(막 10:7)

---

28) 막 10:1-12

부부간에 결혼 생활에 갈등이 생기는 중요한 이유 중의 하나는 결혼을 한 부부가 부모를 떠나지 못하기 때문이다. 부모는 자녀를 양육하면서 자녀에게 두 가지 중요한 가르침을 주어야 한다.

부모는 자녀를 인정하고 사랑해주어 자신이 소중한 존재라는 자존감을 갖게 해줘야 한다. 부모는 자녀가 태어나면서부터 늘 옆에서 지켜 주면서 안정감을 주고 사랑을 베풀어 준다. 그때 아이의 마음에는 부모의 인정과 사랑으로 인하여 부모와의 애착관계가 형성된다. 부모는 나를 사랑하고, 나의 모든 것을 채워준다는 애정이 생기는 것이다. 그래서 흔들림이 없는 깊은 관계의 뿌리를 만들어 준다. 이것은 자녀에게 있어서 일생 동안 깊은 뿌리가 되어 인간관계에서 흔들리지 않는 토대가 된다. 부모와 깊은 애착의 관계가 형성된 자녀는 안정감이 있고, 마음에 평안이 있다.

부모는 자녀에게 어려서부터 독립심을 키워줘야 한다. 자녀가 성장하면서 부모는 자녀에게 부모를 떠나도록 준비 시켜 줘야 한다. 성숙한 부모는 자녀가 성장하면서 자녀를 과잉보호하지 않고, 스스로 생각하고, 결정할 수 있도록 양육한다. 그리고 성인이 되고, 결혼할 때가 되면 부모는 자녀가 부모의 품을 떠나서 배우자와 행복한 가정을 이루어 갈 수 있도록 부모를 떠날 수 있도록 독립심을 키워줘야 한다.

이러므로 남자가 부모를 떠나 그의 아내와 합하여 둘이 한 몸을 이룰지로다(창 2:24)

성경은 "부모를 떠나 그의 아내와 합하라."라고 말하고 있다. 결혼하기 전에는 인생의 중요한 결정을 자녀가 부모와 같이 했다고 하면, 결혼 후에는 자녀가 독립하여 중요한 의사 결정을 부부간에 할 수 있도록 해줘야 한다. 부부가 의논을 하다가 부모에게 의견을 물어볼 수도 있다. 그러나 부부는 처음부터 부모의 의견을 묻는 것이 아니라 부부간에 먼저 의논을 하다가 잘 모를 때 부모의 의견을 듣는 것이 지혜로운 부부이다. 결혼을 해서도 양가의 부모님에게서 독립하지 못하고, 여전히 부모님의 영향력 아래에 있다면 부부간에 갈등이 계속될 근거가 되는 것이다.

부부는 한 마음이 되어야 한다

그 둘이 한 몸이 될지니라 이러한즉 이제 둘이 아니요 한 몸이니(막 10:8)

결혼은 남편과 아내가 둘이 하나되는 것이다. 부부가 둘이 하나가 되기 위해서는 알아야 할 것이 있다.

부부는 상대의 매력만 보고 결혼을 하는 것이 아니라 상대의 단점과도 결혼하는 것이다. 사람들은 사랑에 빠질 때 서로의 매력에 집중한다. 매력에 끌려서 같이 있기만 해도 기쁘고 즐겁다. 그러나 결혼을 하고, 시간이 지나면서 전에는 보이지 않던 단점들이 보이기 시작하고, 그 단점만 고치면 좋겠다고 생각한다. 그래서 서로의 단점을 고치라고 이야기 하다가 서로가 갈등을 경험하게 된다. '나를 사랑한다고 하면, 이런 것은 고쳐줄 수 있을 거야.'라는 생각으로 이야기하지만 정작 배우자는 바뀌지 않는다. '나를 사랑한다면서 이것 하나 고쳐주지 못하나?' 그런 생각이 들면서 변하지 않는 배우자가 섭섭해진다. '이제는 나를 사랑하지 않는구나!' 하는 생각이 든다. 그러나 배우자는 안 고치는 것이 아니고 못 고치는 것이다. 배우자의 단점은 그 사람이 일평생 동안 가지고 살았던 습관이라는 것을 이해해야 한다. 그렇게 말 한마디로 쉽게 고칠 수 있는 것이 아니라는 것이다. 말을 해도 배우자가 고치치 않으면, 더 이상 고치려 하기보다는 그것이 배우자가 가지고 있는 단점으로 인정하고, 배우자를 품어주며 사는 것이 부부간의 갈등을 극복하는 비결이다.

부부는 서로 차이가 있는 존재라는 것을 이해해야 한다. 사람들은 모두 "성격의 차이가 있는 존재"이다. 사람은 태어나면서부터 다른 가정에서 태어나고 다른 부모 아래서 성장하고 다른 환경에서 자란다. 그러니 부부는 서로가 성격 차이가 있고, 서로가 다른 것이 당연한 일이다. 중요한 것은 부부는 서로의 다름을 인정하고 살아야 한다는 것이다. 대부분의 남성들은 가정에 어떤 문제가 있을 때 그 문제를 분석하고, 논리적으로 해결하고, 답을 주려고 한다. 그러나 여성은 어떤 문제를 만났을 때 그 문제의 해결보다는 그 문제를 가지고 힘들어 하는 자신의 마음을 이해해 주기를 바란다. 남편은 논리적인 존재이고, 아내는 감성적인 존재라는 것을 이해해야 한다. 남편과 아내가 다른 것이다.

결혼은 하나님이 짝 지어준 것이다

그러므로 하나님이 짝지어 주신 것을 사람이 나누지 못할지니라 하시더라(막 10:9)

사람들은 결혼할 때 어느 날 남녀 두 사람이 만나서 사랑을 하게 되고, 결혼을 하기로 작정하고, 그렇게 결혼식을 하고 살아간다고 생각한다. 그러나 예수님은 본문에서 "하나님이 짝지어 주신 것"이라고 말씀하신다. 사람들이 결혼을 하는 것은 스스로 좋아서 하는 것만이 아니라 하나님이 그들을 만나게 하셔서 결혼을 하게 되었다는 사실을 기억하라는 것이다. 하나님이 이 땅에 남편을 보내시고 아내를 보내셔서 그들을 만나게 하시고, 사랑하게 하시고 그들을 결혼하도록 짝지어 주셨다는 것을 알아야 한다. 결혼은 하나님 앞에서 하는 언약이지 계약이 아니다. 어떤 사람은 결혼을 계약이라고 생각한다. 결혼을 계약으로 생각하는 사람은 서로가 만나서 살기로 계약을 하고, 서로가 마음에 들지 않으면 언제든지 계약을 파기하고 살지 않으면 되는 것이라고 생각한다. 그러나 결혼은 계약이 아니고, 하나님 앞에서 하는 언약이다. 언약이란 깨어질 수 없는 약속이다. 하나님과 우리의 관계가 언약의 관계인 것처럼, 부부간의 관계도 언약의 관계인 것이다. 우리는 남편과 아내의 갈등으로 인하여 이혼의 위기가 다가올 때 하나님이 우리를 만나게 하셨다는 사실을 다시 한 번 생각해 보자.

　결혼은 부모를 떠나는 것이다. 결혼을 했으면 부모를 떠나 부부 중심의 가정을 이루어가야 한다. 결혼은 하나가 되는 것이다. 부부는 서로의 차이점을 인정하고 살아가야 한다. 부부는 하나님이 짝 지어준 것이다. 부부는 두 사람을 하나님이 만나게 해 주셨다는 사실을 잊지 말아야 한다.

어린아이 같이
순수한 믿음을 가지라[29]

오늘 본문에 보면, 어떤 부모들이 예수님께 어린아이들을 데리고 왔다. 부모들은 예수님이 아이들에게 축복기도를 해주시기를 원했던 것이다. 그러나 예수님의 제자들은 그 부모들이 예수님을 귀찮게 한다고 생각했다. '예수님께서 이렇게 사람들에게서 귀신을 쫓아내시고, 병든 자를 고쳐 주시느라고 바쁘신데, 이렇게 어린아이들까지 데리고 와서 기도해 달라고 하는 것인가?' 하는 생각을 했기 때문이다. 예수님은 제자들의 그런 모습을 지켜보시면서 아이들이 자신에게 오는 것을 막지 말라고 하셨다. 하나님의 나라는 이런 아이들과 같은 사람이 들어갈 수 있다는 것이다. 본문이 우리에게 주는 교훈은 무엇일까?

자녀들이 어려서부터 예수님을 만나게 해줘야 한다

부모가 아이들에게 줄 수 있는 선물은 물질적인 것만이 아니다. 아이들에게 부모가 줄 수 있는 가장 큰 선물은 예수님을 믿고 살 수 있

---

29)　막 10:13-16

도록 아이들에게 어려서부터 예수님을 소개해주는 것이다. 아이들이 예수님을 알고, 예수님을 믿고 살도록 부모가 가르쳐 주면 아이들에게 가장 놀라운 선물을 주는 것이다. 어린 아이들이 예수님께 오는 것을 예수님이 막지 않으셨듯이, 우리는 자녀들을 예수님께 나오도록 인도해줘야 한다. 그들에게 예수를 알고, 예수를 믿고, 구원을 받아 영적인 복을 받고 살도록 해줘야 한다. 부모는 자녀들을 위하여 기도해줘야 하고, 기도하는 모습을 보여줘야 한다. 자녀들이 어렸을 때부터 부모가 자녀들을 위해 기도해 줄 때 자녀들은 하나님이 주시는 복을 받게 된다. 그리고 자녀들이 부모가 기도해주는 모습을 보면서 자신들도 기도하며 살아야 할 이유를 배우게 되는 것이다.

성경에 보면 야곱은 아버지가 장자를 위하여 하는 축복 기도의 중요성을 이해하고 있었다. 그는 아버지에게 장자의 축복을 받으려고, 아버지를 속이고 형을 속이면서까지, 아버지의 축복 기도를 받았다. 부모의 기도가 자녀들에게 영적인 복을 부어 주는 것임을 그는 알고 있었기 때문이다. 부모들은 아이들을 위하여 기도해 주고, 자녀들이 영적인 복을 받아서 살고, 자신도 기도하며 살도록 가르쳐 주어야 한다.

어린 아이처럼 순수한 믿음을 가지고 살자

예수께서 보시고 노하시어 이르시되 어린 아이들이 내게 오는 것을 용납하고 금하지 말라 하나님의 나라가 이런 자의 것이니라(막 10:14)

예수님이 하나님의 나라가 어린아이 같은 사람의 것이라고 말하신 그 의미는 어린아이들이 순수한 믿음을 가지고 있기 때문이다.

어린아이처럼 하나님의 말씀을 있는 그대로 믿자. 어린아이들은 부모가 무엇을 가르쳐 주면 그것을 모두 사실로 받아들인다. 아이들은 흰 도화지와 같다. 그 흰 도화지에 무엇을 그리든지 그대로 그림이 그려진다. 오늘 우리도 하나님의 말씀을 순수하게 믿어야 한다. 순수하게 하나님의 말씀을 믿고 기도할 때 우리의 삶에 놀라운 기적이 일어나게 된다. 하나님은 "내게 부르짖으라, 내가 응답하겠고…"라고 말씀하셨다. 그 말씀을 믿는다면 우리는 기도할 때 하나님께서 주시는 응답을 받게 된다. 우리가 기도할 때 하나님이 응답하시는 것을 확실히 믿기 때문이다.

하나님의 말씀을 의심하지 말자. 예수님은 우리가 기도할 때 저 산을 명하여 바다에 던지라 명령하고 의심하지 않으면 그 기도가 실제로 응답이 된다고 하셨다.

> 내가 진실로 너희에게 이르노니 누구든지 이 산더러 들리어 바다에 던져지라 하며 그 말하는 것이 이루어질 줄 믿고 마음에 의심하지 아니하면 그대로 되리라 그러므로 내가 너희에게 말하노니 무엇이든지 기도하고 구하는 것은 받은 줄로 믿으라 그리하면 너희에게 그대로 되리라(막 11:23-24)

우리는 아이들처럼 하나님의 언약을 있는 그대로 믿어야 한다. '하나님의 말씀이 정말 이루어질까?' 하고 의심하지 말아야 한다. 우리는 어린아이들처럼 하나님의 말씀을 믿고, 믿음으로 기도하고, 그 기도가 응답이 될 것을 의심하지 않을 때 놀라운 응답이 다가오게 되는 것이다. 이와 같은 믿음을 가지고 매일 삶 가운데서 기적을 체험하는 삶을 살아가자.

하나님의 나라를 받들고 살자

> 내가 진실로 너희에게 이르노니 누구든지 하나님의 나라를 어린아이와
> 같이 받들지 않는 자는 결단코 그곳에 들어가지 못하리라 하시고 (막 10:15)

어린아이처럼 하나님의 나라를 받든다는 것은 무슨 뜻인가? 어린아이처럼 순수하게 하나님의 나라의 존재를 믿는 것을 말한다. 아이들에게 하나님의 나라를 가르쳐 줄 때, 아이들은 하나님의 나라가 실제로 존재하는 것으로 믿는다. 어린아이들은 상상력이 풍부하여 천국의 존재에 대하여 있는 그대로 믿는다. 그러나 아이가 자라면서 점점 사람과 세상을 믿지 못하고 의심이 많아지면서 하나님의 나라의 존재도 믿지 않게 되는 경우가 있다. 우리는 어린아이 같이 순수하게 하나님을 믿고, 하나님의 나라를 믿고, 하나님의 나라를 받들어야 한다.

우리는 어린아이 같이 천국을 예비하신 하나님을 믿어야 한다. 하나님은 우리를 사랑하셔서 우리를 위하여 천국을 예비해 주시고, 누구든지 하나님을 믿는 사람들에게 그 천국으로 인도하시고, 영생을 주시기 원하신다는 것을 어린아이처럼 믿어야 한다.

> 너희는 마음에 근심하지 말라 하나님을 믿으니 또 나를 믿으라 내 아버
> 지 집에 거할 곳이 많도다 그렇지 않으면 너희에게 일렀으리라 내가 너희

를 위하여 거처를 예비하러 가노니(요 14:1-2)

예수님은 우리에게 근심하지 말라고 말씀하셨다. 예수님이 우리를 위하여 천국에 거처를 예비하러 가신다고 말씀하신 것이다. 우리는 어린아이 같이 오직 예수님만이 천국으로 가는 유일한 길임을 믿어야 한다. 예수님은 오로지 예수님만이 하나님께 나갈 수 있는 유일한 길이라고 말씀하셨다.

예수께서 이르시되 내가 곧 길이요 진리요 생명이니 나로 말미암지 않고는 아버지께로 올 자가 없느니라(요 14:6)

죄로 인하여 영원히 멸망할 수밖에 없는 우리를 사랑하셔서 하나님의 아들이 이 땅에 인간의 몸으로 태어나시고, 우리를 구원하시기 위하여 십자가에서 죽으시고 부활하심으로 우리의 죄를 사해 주시고, 영원한 천국으로 우리를 인도해 주셨음을 믿어야 한다.

우리는 어린 자녀들에게 어려서부터 예수님을 믿을 수 있도록 가르쳐줘야 한다. 아이들을 위해서 기도해 주고, 아이들이 기도하며 살도록 가르쳐줘야 한다. 우리도 어린아이처럼 순수한 믿음을 가지고 살아야 한다. 하나님의 약속의 말씀을 있는 그대로 믿고 살자. 우리는 어린아이 같이 순수하게 하나님의 나라를 받들고 살아가자.

하나님 우선의 자세로 살자[30]

어느 날 예수님께서 길을 걸어가고 있을 때 한 사람이 예수님께 다가와서 질문을 하였다. "선한 선생님이여, 내가 무엇을 하여야 영생을 얻으리이까?"라는 질문이었다. 예수님은 그에게 영생의 길에 대하여 가르쳐 주셨다. 먼저 "계명을 지키라."라고 말씀하셨다. 그러자 그는 모든 계명을 다 지켰다고 말했다. 그러자 예수님은 "한 가지 부족한 것이 있으니, 네게 있는 모든 것을 다 팔아 가난한 사람에게 주라."라고 말씀하셨다. 그러면 그에게 하늘의 보화가 있다는 말씀이었다. 그리고 예수님을 따르라는 것이다. 그 이야기를 듣고 그 사람은 재물이 많은 사람이기 때문에 근심하며 돌아갔다고 성경은 말한다. 본문이 우리에게 주는 교훈은 무엇일까?

선한 행위로는 영생을 얻을 수 없다

예수께서 길에 나가실새 한 사람이 달려와서 꿇어 앉아 묻자오되 선한

---

30) 막 10:17-22

선생님이여 내가 무엇을 하여야 영생을 얻으리이까(막 10:17)

예수님께 나온 사람은 자신이 "어떤 행동을 해야 영생을 얻게 되는가?" 하고 물었다. 그러자 예수님은 그에게 그가 해야 할 행동에 대하여 이야기 해주셨다. "너의 재물을 팔아서 가난한 사람들에게 주고 나를 따르라."라는 것이다. 그러자 그 사람은 충격을 받았다. 그는 재물이 많은 사람이어서 자신의 재물을 팔아 가난한 사람에게 나누어 주고 예수님을 따르는 것은 큰 부담이 따르는 일이기 때문이다. 그래서 그는 근심하고 돌아갔다. 우리가 어떤 행위를 통하여 영생을 얻고자 한다면 그것은 불가능한 일이다. 우리가 아무리 완벽하게 선하게 행동을 한다고 해도 완벽하게 계명을 지키고, 영생을 얻을 만한 행동을 할 수는 없기 때문이다. 그래서 하나님은 우리에게 인간의 행위가 아닌 믿음으로 구원을 받는 길을 열어 주신 것이다. 예수님은 나를 믿으라고 말씀하셨다. 그것이 영생으로 들어가는 길이다.

영접하는 자 곧 그 이름을 믿는 자들에게는 하나님의 자녀가 되는 권세를 주셨으니(요 1:12)

예수님은 우리가 영생을 얻는 길을 설명하고 계신다. 어떤 행위나 방법이 아니라 오로지 예수님을 우리의 주님으로 영접하고, 그 이름을 믿으면 하나님의 자녀가 되는 것이다. 우리 모두 예수님을 믿고, 믿음으로 살아가자.

바른 재물관을 가지고 살자

예수께서 둘러 보시고 제자들에게 이르시되 재물이 있는 자는 하나님
의 나라에 들어가기가 심히 어렵도다 하시니(막 10:23)

예수님은 부자가 하나님의 나라에 들어가는 것이 어렵다고 말씀하셨
다. 그 말의 의미는 부자는 그 마음의 중심이 하나님의 나라에 있지 않
고, 재물에 있기 쉽기 때문에 하나님의 나라에 들어가기가 어렵다는 말
씀이다. 부자가 천국에 가는 것이 어려운 이유는 자신도 모르게 하나님
의 나라보다는 물질에 더 관심을 가지고 살기 때문이다. 하나님의 나라
를 생각할 겨를이 없는 것이다. 물질이 풍부한 사람은 천국의 필요성도
하나님의 필요성도 느끼지 못하여 교회도 다니지 않고, 기도도 하지 않
고, 말씀을 읽고 묵상하지도 않는다. 그래서 결국은 천국에 가지 못하게
된다는 것이다. 그러나 가난하고, 많은 문제 속에서 살아가며, 질병이 있
는 사람은 어떤가? 그 사람은 문제 때문에 하나님께 나아가 기도하게 되
고, 우리의 힘이 되셔서 우리를 도와주시는 하나님을 의지하고 살아간
다. 그래서 그는 하나님의 나라에 들어가게 된다는 것이다. 하나님의 나
라에 들어가는 사람들은 바른 재물관을 가지고 산다. 하나님이 우리에
게 재물을 주신 것은 나 혼자 재물을 쓰라고 주신 것이 아니다.

누가복음 16장을 보면 우리가 어떤 재물관을 가지고 살아야 하는지
잘 설명하고 있다. 하나님은 우리가 누가복음 16장에 나오는 청지기와
같이 내게 주신 물질을 어려운 사람들에게 나누어 주고 베풀어 주며
사는 사람이 되어야 한다는 것이다. 물질의 주인은 내가 아니고 하나

님이라는 사실을 알 때 그것이 가능한 것이다. 우리는 단지 물질을 맡아 관리하는 청지기라는 사실을 잊지 말아야 한다. 우리는 하나님이 우리에게 재물을 주신 이유가 그 물질을 나만을 위해 쓰며 인색하게 살라는 것이 아니라, 경제적으로 어려운 사람들에게도 사랑의 손길을 펴고, 나누어 주는 삶을 살라는 것임을 잊지 말아야 한다.

> 주라 그리하면 너희에게 줄 것이니 곧 후히 되어 누르고 흔들어 넘치도록 하여 너희에게 안겨 주리라 너희가 헤아리는 그 헤아림으로 너희도 헤아림을 도로 받을 것이니라(눅 6:38)

미국의 유명한 사업가 록펠러는 사업이 번창하여 많은 수입을 얻게 되었다. 그는 아무리 많은 수입이 들어와도 그 수입에서 십일조를 떼어 꼭 드렸다고 한다. 그가 하나님께 드릴 때 하나님은 그의 범사에 더욱 넘치는 복을 주셔서 큰 부자가 되게 하여 주셨다. 그는 경제적으로 어려운 사람들을 도와주고 사랑으로 구제했다. 하나님은 베푸는 사람에게 더욱 베풀어 주신다.

하나님 우선의 자세로 살자

> 베드로가 여짜와 이르되 보소서 우리가 모든 것을 버리고 주를 따랐나이다(막 10:28)

베드로는 자신은 부자 청년과는 달리 모든 것을 버리고 주님을 따랐다고 말했다. 그러면 자신은 무엇을 얻게 될 것인가를 예수님께 여쭈어 보았다. 그러자 예수님은 "나와 복음을 위하여 집이나 형제나 자매나 어머니나 아버지나 자식이나 전토를 버린 사람은 현세에서도 집과 형제와 자매와 어머니와 자식과 전토를 백배나 받는다."라고 말씀하셨다. 여기서 예수님이 말씀하시는 것은 가족을 버리고, 돌보지 말라는 의미가 아니다. 예수님은 우선순위를 말한다. 무엇보다도 복음이 우선이 되어야 한다는 것이다. 때로 우리는 복음을 전할 때 집이나 형제나 부모의 반대로 인하여 교회를 다니는 것에 핍박을 받을 때가 있다. 그 때는 형제나 부모의 반대가 있다고 해도 먼저 하나님의 복음에 우선순위를 두고 복음 중심의 삶을 살라는 것이다. 하나님을 먼저 사랑하고, 하나님이 기뻐하시는 일을 우선으로 하라는 것이다. 복음 우선의 삶을 살 때, 하나님은 우리의 모든 것을 채워 주시고, 우리에게 필요한 모든 것을 공급해 주신다는 것이다.

> 그런즉 너희는 먼저 그의 나라와 그의 의를 구하라 그리하면 이 모든
> 것을 너희에게 더하시리라 (마 6:33)

하나님의 나라와 의를 위하여 열심히 살면, 하나님은 그 사람에게 먹을 것과 입을 것과 살 곳을 책임져 주신다는 것이다. 놀라운 사실은 복음이 우선인 삶을 살아가는 사람에게 하나님께서는 복을 주실 뿐만 아니라 영생까지 주신다는 것이다. 우리는 예수님을 구주로 믿고 하나님 우선, 복음 우선의 삶을 살 때 핍박을 받을 수도 있지만, 하나님은 핍박만이 아니라 그것과 함께 놀라운 복을 주시고, 영생을 주신다는 것이다.

재물이 많이 있으면 편한 삶을 살 수 있다. 그러나 재물이 많고 풍요

하여 마음에 천국이 들어올 자리가 없어진다면 그것은 복이 아니라 재앙이다. 우리는 재물에만 마음을 두지 말고 하나님의 나라에 마음을 두고 살아야 한다. 우리는 선한 청지기가 되어 내게 맡겨주신 재물을 하나님의 영광을 위하여 사용하고, 어려운 사람들에게 나누어 주고 베풀어 주는 삶을 살아가자. 나의 재물은 나만을 위해서 쓰라고 주신 것이 아니라 어려운 이웃들에게 베풀며 나누어 주라고 하나님이 내게 맡기신 것이라는 것을 잊지 말자.

4장

낙심하지 말고
기도하며 살자

지도자가 되려면 먼저 종이 되라[31]

사람들에게는 다른 사람들에게 인정을 받고, 높임을 받고 싶어 하는 마음이 있다. 그래서 사람들은 서로 지도자가 되고 싶어 한다. 예수님의 제자들 가운데에도 이와 같이 지도자가 되기를 원하는 사람들이 있었다. 야고보와 요한은 어느 날 예수님께 나아가 예수님의 영광중에 자신들을 예수님의 좌우에 앉게 해 달라고 말했다. 한 마디로 말하면 주요 직책에 자신들을 써달라는 것이다. 요즘으로 말하면 자리에 대한 청탁을 한 셈이다. 그때까지만 해도 예수님의 제자들은 예수님이 십자가에서 돌아가실 것과 부활에 대하여 하신 말씀의 뜻을 이해하지 못하고 있었다. 야고보와 요한의 이야기를 듣고 다른 제자들은 크게 분노하였다. 본문이 우리에게 주는 교훈은 무엇일까?

지도자가 되려면 먼저 섬기자

예수님은 크고자 하는 마음이 있는 사람은 섬기는 사람이 되어야

---

31) 막 10:35-45

한다고 말씀하셨다.

> 너희 중에는 그렇지 않을지니 너희 중에 누구든지 크고자 하는 자는 너
> 희를 섬기는 자가 되고(막 10:43)

세상 사람들은 큰 사람이 권세를 가지고 사람들을 억압하고 권세를 부린다고 하지만, 예수님은 크고자 하는 사람은 섬기는 자들이 되어야 한다고 가르치셨다.

이기적인 태도를 버리고 섬기자. 제자들은 이기적인 태도를 가지고 살았다. 내가 다른 사람을 섬기기보다는 섬김을 받는 사람이 되겠다는 것이다. 사람들은 태어나면서부터 이기적인 존재이다. 아기는 배고프면 운다. 젖을 달라는 것이다. 기저귀가 축축해도 운다. 기저귀를 갈아 달라는 것이다. 아기는 엄마가 어떤 일을 하고 있든지 관심이 없다. 무조건 내게 필요한 것을 채워달라고 우는 것이다. 아이들은 점점 성장을 하면서 가족들에게 배려하는 것을 배우고, 친구들에게 배려해야 하는 것을 배우고, 이웃들에게 배려하는 것을 배우면서 이기적인 태도를 누르고 다른 사람을 배려해주는 사회인이 되는 것이다. 그렇게 사람은 성숙해진다. 예수님도 제자들에게 성숙한 사람이 되라고 말씀하신다. 지도자가 되기를 원한다면 자신만 아는 이기적인 사람이 되지 말고, 서로를 섬겨주고, 서로를 인정해 주는 사람이 되라는 것이다.

겸손한 태도를 가지고 살자. 겸손이란 진실하고 가식이 없으며 거만하거나 뽐내지 않는 태도를 말한다. 사람은 내 생각만 옳다고 주장하다 보면 다른 사람을 섬길 수 있는 마음의 여유가 없게 된다. 우쭐거리

고, 나만 옳다고 하는 태도를 가지고는 결코 다른 사람과 좋은 관계를 맺을 수 없다. 갑질을 하는 지도자는 꼴불견이다. 지도자는 스스로 겸손하여 자신을 낮추는 사람이 되어야 한다. 우리는 다른 사람의 도움으로 오늘까지 살아왔다. 그 사실을 알고 인정할 때 우리는 겸손해 진다. 하나님은 겸손한 자를 기뻐하시고 그에게 은혜를 베풀어 주신다.

진실로 그는 거만한 자를 비웃으시며 겸손한 자에게 은혜를 베푸시나
니(잠 3:34)

지도자가 되려면 사랑의 종이 되자

종은 어떤 사람인가? 종은 자신의 소유가 없다. 종의 모든 것은 주인의 것이다. 종은 주인의 뜻을 이루기 위해서 최선을 다한다. 고린도 전서 13장은 우리에게 사랑의 종이 되라고 말씀한다.

사랑은 오래 참고 사랑은 온유하며 시기하지 아니하며 사랑은 자랑하
지 아니하며 교만하지 아니하며(고전 13:4)

종은 오래 참는다. 오래 참고, 다른 사람의 말을 오래 들어주는 것은 어려운 일이다. 다른 사람이 말을 하면 그 말이 끝나기도 전에 그 말을 끊고 내 말을 하려는 사람들이 있다. 종은 주인의 말을 인내를 가지고 잘 듣는다. 주인이 뭐라고 하면 그 말을 잘 알아들어야 주인이 시키는 것을 잘 해낼 수가 있기 때문이다.

> 내 사랑하는 형제들아 너희가 알지니 사람마다 듣기는 속히 하고 말하
> 기는 더디 하며 성내기도 더디 하라(약 1:19)

우리는 사람들의 말에 경청해야 한다. 부부는 배우자의 말에 귀를 기울이고, 자녀는 부모의 말에 귀를 기울이고, 부모는 자녀의 말에 귀를 기울여야 한다. 화내기 전에 먼저 잘 들어보아야 한다. 다른 사람의 말을 오래 참는 마음으로 들어줘야 한다.

종은 친절하게 섬기는 사람이다. 종이 된다는 것은 온유하고, 시기하지 않는 사람이 되는 것이다. 한마디로 말하면 친절한 사람이 되기로 결단하는 것이다. 친절한 사람은 "다른 사람들에게 대접을 받기 전에 먼저 다른 사람을 대접하는 사람"이다. 우리는 이것을 황금률이라고 한다.

> 그러므로 무엇이든지 남에게 대접을 받고자 하는 대로 너희도 남을 대
> 접하라 이것이 율법이요 선지자니라(마 7:12)

사람들에게 인정받고 사랑받는 지도자가 되고 싶으면 먼저 다른 사람에 대하여 오래 참고, 친절한 사람이 되어야 한다. 먼저 다른 사람을 인정해 주고, 사랑해주라는 것이다. 그럴 때 다른 사람도 나를 인정해 주고, 사랑해주며 지도자로 섬겨 주는 것이다.

지도자가 되려면 다른 사람에게 공감하라

세상에서 제일 어려운 것 중 하나가 다른 사람을 이해하고 공감하는 것이다. 어떤 사람은 흔히 "나 같으면 안 그러겠네."라는 말을 자주한다. 다른 사람이 자신에게 그렇게 행동하고 말하는 것을 이해하지 못하겠다는 것이다. 어떻게 그럴 수 있냐는 것이다. 그러나 사람들은 서로가 다른 환경에서 살아왔기 때문에 서로의 가치관이 다르고 생각이 다르고 성격이 다르다. 다른 사람을 공감하고 이해하는 것은 쉬운 일이 아니다. 그래서 우리는 내가 만나는 모든 사람들이 다 기질이 다르고, 성격이 나와 다른 존재라는 것을 인정해줘야 한다. 어떤 사람은 쉽게 분노하고, 또 어떤 사람은 어려서부터 많은 상처가 있어서 늘 두려움이나 우울한 마음으로 살아간다. 마음이 늘 죄책감에 시달리는 사람이 있는가 하면, 사랑에 굶주려 지나칠 정도로 사람들에게 집착하거나 사랑과 인정을 요구하는 사람도 있다.

우리는 서로를 공감해줘야 한다. 사람들은 지위 고하를 막론하고, 오랜 세월 동안 성경 공부를 하고, 제자 훈련을 했어도 여전히 다른 사람과 갈등하고 살아간다. 그들이 그렇게 살아가는 이유는 그들의 마음속에 치유되지 않은 상처가 여전히 남아 있기 때문이다. 그래서 사람들을 공감해주고, 그들의 상처를 어루만져 주고, 용서해 줄 때 사람들이 변화되어 가는 것이다. 성경은 우리가 비판하지 않을 때 우리도 비판을 받지 않을 것이라고 말한다. 우리는 서로를 공감해 주고, 용서하고, 사랑하며 살아야 한다.

지도자가 되기를 원하는가? 섬김을 받으려고 하기보다는 먼저 섬기는 사람이 되어야 한다. 먼저 다른 사람의 종이 되어 주자. 사람들을

공감해 주고, 다른 사람에 대하여 오래 참아주고, 친절히 섬기며 살아
가자. 서로의 다름을 인정하여 나와 다른 것에 대하여 비판하기보다
는 용서하고 사랑하며 살아가는 지도자가 되자.

낙심하지 말고 간구하라[32)]

예수님의 사역 당시에 수많은 사람들이 예수님께 나와서 병 고침을 받았다. 치료자 되신 예수님의 소문은 날이 갈수록 이스라엘 전역으로 퍼져 나갔다. 예수님의 소문을 여리고에서 살고 있었던 한 맹인 거지 바디매오라는 사람도 듣게 되었다. 그는 그 소문을 듣자마자 마음 속에 큰 소망이 생겼다. 예수님을 만나기만 하면 다른 사람들과 같이 자신도 고침 받을 것이라는 믿음을 가졌다. 그러던 어느 날 자신이 그렇게 기다리던 나사렛 예수 그리스도가 여리고에 오셨다. 맹인 거지 바디매오는 예수님이 지나신다는 말을 듣고 힘을 다해서 외쳤다. 그는 예수님을 만나기 원했다. 예수님은 그의 외침 소리를 들으시고, 발걸음을 멈추셨다. 그리고 드디어 그의 눈을 고쳐주셨다. 본문이 우리에게 주는 교훈은 무엇일까?

---

32) 막 10:46-52

간절한 소원을 가지라

바디매오가 예수님을 만나 기적을 체험 할 수 있었던 것은 그가 예수님을 만나기를 원하는 간절한 소원을 가지고 기도했기 때문이다. 간절한 소원은 기적을 가져온다. 구약 열왕기서에 보면 엘리야는 간절히 기도할 때 3년 6개월 동안 땅에 비가 오지 않았고, 그가 다시 간절히 기도할 때 비가 왔다. 바디매오는 간절히 기도했다. 바디매오의 마음 속에는 간절한 소원이 있었다. 그는 예수님이 있는 곳에 갈 수는 없었지만, 예수님이 여리고에 오신다면 자신은 꼭 예수님을 만나서 자신의 눈을 고침 받겠다는 소원이 있었다. 놀라운 사실은 그가 그런 소원을 품고 살아갈 때 어느 날 예수님이 여리고를 찾아오신 것이다. 예수님 이 오셨다는 말을 듣고, 바디매오는 간절하게 부르짖어 간구했다. 시편 에 보면, 다윗도 하나님을 간절히 찾았다.

> 하나님이여 주는 나의 하나님이시라 내가 간절히 주를 찾되 물이 없어
> 마르고 황폐한 땅에서 내 영혼이 주를 갈망하며 내 육체가 주를 앙모하나
> 이다(시 63:1)

다윗은 그가 간절히 주를 찾을 때 주님이 그를 만나 주시고, 그에게 응답을 주셨다고 고백한다. 바디매오는 소원을 가지고, 예수님께 간절히 기도했다. 오늘 우리도 예수님께 나아가 간절한 소원을 가지고 기도할 때 예수님은 우리의 기도에 주목하시고, 우리의 기도에 응답해 주신다.

어떤 장애물이 있어도 낙심하지 말고 두려워하지 말라

바디매오는 예수님께 자신을 고쳐달라고 간절히 간구했으나 그의 주변에는 장애물이 가득했다. 예수님 주변의 사람들이 바디매오가 거지라고 그를 무시하며 조용히 하라고 했기 때문이다.

> 많은 사람이 꾸짖어 잠잠하라 하되 그가 더욱 크게 소리 질러 이르되
> 다윗의 자손이여 나를 불쌍히 여기소서 하는지라 (막 10:48)

사람들은 바디매오가 단순히 예수님께 동냥을 구하는 것이라고 생각했다. 그래서 그를 조용히 하라고 한 것이다. 그러나 바디매오는 그의 인생을 바꿀 수 있는 은혜를 구하고 있었다. 보지 못하는 세계를 보고, 맹인으로서의 삶이 아니라 새로운 삶을 살아갈 수 있는 길을 간구하고 있었다. 바디매오는 낙심하지 않았다. 사람들이 뭐라고 해도 그것에 굴하지 않았다. 그들의 위협을 두려워하지 않고 예수님께 간청했다. 사람들이 조용히 하라고 해도 나를 불쌍히 여겨달라고 더 큰 소리로 외쳤다.

오늘 우리도 살아가면서 많은 문제를 만난다. 그러나 우리가 알아야 할 것은 예수님이 우리 옆에 계신다는 것이다. 어떤 장애물이 다가와도 낙심하지 말고 예수님께 나가 주님께 우리의 모든 연약함을 아뢰어야 한다. 우리의 문제를 주께 맡겨야 한다. 그러면 주님은 우리의 문제를 해결해 주신다. 인생에는 수많은 두려움의 순간이 찾아온다. 오늘 우리는 삶 가운데 많은 장애물을 만난다. 그러나 낙심하고 두려워하지 말라! 하나님이 우리와 함께 하시기 때문이다.

> 내가 네게 명령한 것이 아니냐 강하고 담대하라 두려워하지 말며 놀라
> 지 말라 네가 어디로 가든지 네 하나님 여호와가 너와 함께 하느니라 하시
> 니라(수 1:9)

하나님은 가나안에 들어가기 전에 두려워하고 있는 여호수아에게 두려워하지 말고 강하고 담대하라고 말씀하셨다. 바디매오는 두려워하지 않았다. 예수님께 간구하면 예수님이 자신의 간구를 들어 주실 것을 믿었다. 오늘 우리도 인생을 살아가면서 수많은 문제의 벽을 만나고, 장애물을 만난다. 그럴 때 낙심하지 말고, 두려워하지 말고, 예수님께 나아가 간구하자. 예수님은 우리의 모든 연약함을 도와주신다. 우리에게 기적을 베풀어 주신다.

예수님께 불쌍히 여겨 달라고 간구하라

> 많은 사람이 꾸짖어 잠잠하라 하되 그가 더욱 크게 소리 질러 이르되
> 다윗의 자손이여 나를 불쌍히 여기소서 하는지라(막 10:48)

바디매오는 예수님에게 자신을 불쌍히 여겨달라고 간구했다. 예수님은 바디매오가 자신을 불쌍히 여겨달라고 할 때, 그 자리에 머물러 섰다. 예수님은 오늘도 우리를 불쌍히 여기신다. 예수님이 수많은 사람들을 고칠 때, 그들을 불쌍히 여기셔서 치료하셨다. 오늘 우리도 예수님께 "나를 불쌍히 여겨 주소서." 간구할 때, 예수님은 우리를 불쌍히 여기시고 우리의 연약함을 돌보아 주신다. 예수님은 바디매오가 예수님을 향해서 외칠 때 바디매오를 예수님께 오라고 부르셨다. 이것은

좀 이상하지 않은가? 바디매오는 맹인이다. 그렇다면 예수님께서 가는 것이 빠를 것인데, 왜 예수님은 바디매오에게 예수님께 오라고 하셨을까?

예수님은 바디매오의 행동이 있는 믿음을 보기를 원하셨다. 예수님은 때로 사람들에게 기적을 베풀어 주시기 전에 그들에게 어떤 행동을 요구하신다. 예를 들면, 한 맹인에게는 눈에 진흙을 이겨서 발라 주시고, 그에게 실로암에 가서 씻으라고 말씀하셨다. 맹인이 실로암까지 가서 씻는다는 것은 어려운 일이다. 그러나 예수님은 그가 예수님의 말씀을 믿고, 실로암까지 가는 수고를 아끼지 않는 것을 보기 원하셨다. 순종하는 믿음이 기적을 가져오기 때문이다.

바디매오는 예수님이 오라는 말을 듣자마자 겉옷을 내버리고 뛰어 일어나 예수께 달려갔다. 그 겉옷은 그가 맹인으로서 일평생 구걸을 하며 살던 옷이다. 이제 그에게는 그 겉옷이 필요 없다. 그가 눈을 뜨기만 하면 그는 정상적인 직업을 가지고 살아갈 것이기 때문이다. 그는 예수님께 믿음으로 달려갔다. 예수님은 바디매오에게 내가 네게 무엇을 하여 주기를 원하느냐 물을 때 바디매오는 분명하고 확실하게 보기를 원한다고 말했다. 주님은 그의 말을 들으시고, 그의 눈을 치료해 주셨다.

우리도 인생을 살아가면서 많은 문제를 만난다. 인생의 문제를 만날 때 간절한 소원을 가지고 기도하라. 어떤 장애물이 다가와도 낙심하지 말고, 두려워하지 말라. 주님께 불쌍히 여겨 달라고 간구하라. 주님은 오늘도 우리의 기도를 듣고 계신다. 날마다 말씀을 읽고 묵상하며 예수님에게 기도하여 우리의 기도에 응답하시는 예수님을 만나고 살아가자.

문제를 향하여 명령하라[33)

예수님은 기도의 중요성을 강조하실 뿐만 아니라 직접 기도의 모범을 보여주시는 삶을 사셨다. 새벽에도 기도하시고, 한 낮에도 기도하시고, 한 밤에도 기도하셨다. 예수님이 기도하실 때 귀신이 떠나가기도 하고, 병자가 낫기도 했다. 예수님은 어떻게 기도했기에 바로 기도의 응답이 나타나는 것일까? 예수님은 그 비밀을 무화과 나무 사건을 통하여 말씀하셨다. 본문이 우리에게 주는 교훈은 무엇일까?

예수님은 열매를 찾으신다

예수님은 베다니에서 주무시고, 예루살렘에 올라가시기 전에 시장함을 느끼셨다. 베다니는 가난한 사람들이 많이 사는 동네이기 때문에 예수님이 아침에 예루살렘으로 올라가실 때 아침 식사를 제대로 대접할 수 있는 사람이 없었던 것 같다. 예수님은 뭔가 먹을 것이 있는지 주변을 둘러보시다가 멀리 잎이 무성한 무화과 나무가 있는 것을

---

33) 막 11:20-25

보게 되었다. 예수님은 그 무화과 나무에 가서서 열매를 찾았으나 열매를 발견할 수 없었다. 아직 무화과의 때가 아니었기 때문이다. 아무런 열매를 찾지 못한 예수님은 "이제부터 영원토록 사람이 네게서 열매를 따 먹지 못하리라."라고 말씀하시고 예루살렘으로 올라가셨다. 예수님의 제자들은 예수님의 뜻밖의 행동에 적잖이 놀랐을 것이다. 왜? 예수님은 무화과 때도 아닌데, 무화과나무에 가서 열매를 찾으시며, 열매가 없다고, 이제부터는 영원토록 그 나무에서 무화과 열매를 먹지 못할 것이라고 이야기 했을까? 궁금했을 것이다. 예수님은 열매를 찾으신다. 무화과나무에 열매가 맺는 것처럼, 우리의 인생에도 열매가 맺기를 원하신다. 예수님이 우리에게 맺기를 원하는 열매는 무엇일까?

오직 성령의 열매는 사랑과 희락과 화평과 오래 참음과 자비와 양선과
충성과 온유와 절제니 이같은 것을 금지할 법이 없느니라(갈 5:22-23)

예수님은 우리가 사랑, 기쁨, 화평, 오래 참음, 자비, 양선, 충성, 온유, 절제와 같은 열매를 맺기를 원하신다. 예수님은 오늘도 무화과 잎이 무성한 무화과나무에 가서서 열매를 찾듯이 오늘 우리에게도 좋은 열매를 찾고 계신다. 예수님은 자신은 포도나무요, 우리는 가지라고 말씀하셨다. 가지에서 좋은 열매를 많이 맺으라고 말씀하셨다. 우리도 매일 좋은 열매를 맺기 위해서 힘쓰자.

믿음은 기적을 가져온다

다음 날이 되어 베드로는 예수님이 어제 저주했던 그 무화과나무가 완전히 말라 버린 것을 보고 깜짝 놀랐다. 그래서 그는 예수님께서 저주하신 무화과가 말랐다고 말씀 드렸다. 예수님은 베드로에게 이 사건을 통하여 특별한 교훈을 주기 원하셨다. 예수님은 하루 만에 이루어진 이 놀라운 사건을 보면서 믿음의 중요성을 강조하셨다.

> 예수께서 그들에게 대답하여 이르시되 하나님을 믿으라(막 11:22)

예수님은 하나님을 믿고 기도하면 기적이 일어난다는 것이다. 오늘 우리는 기도의 능력을 믿지 말고, 하나님을 믿어야 한다. 우리의 기도에 응답하시는 분이 하나님이시기 때문이다. 성경에 보면 모든 믿음의 사람들은 기도할 때 하나님이 자신의 기도를 들으심을 믿고, 자신의 기도에 응답하심을 믿고 기도했다. 모세는 이스라엘 백성들을 이끌고 마라에 도착했을 때, 물이 써서 마시지 못하게 되자 하나님이 자신들에게 해결책을 주실 것을 믿고, 믿음으로 기도했다.

> 모세가 여호와께 부르짖었더니 여호와께서 그에게 한 나무를 가리키시
> 니 그가 물에 던지니 물이 달게 되었더라 거기서 여호와께서 그들을 위하
> 여 법도와 율례를 정하시고 그들을 시험하실새(막 11:22)

하나님은 믿음으로 기도하는 모세의 기도를 들으시고, 한 나무를 물에 넣게 하셔서 쓴 물을 단 물로 바꾸어 주셨다. 하나님을 믿고 드리는 기도는 기적을 가져온다.

다니엘은 다른 신에게 기도를 하거나 예배하는 사람들은 사자굴에 넣는다는 명령이 있었음에도 불구하고, 매일 하나님께 예배드리고 기도했던 자신의 신앙을 포기하지 않았다. 그는 하나님이 자신을 도와주실 것을 믿었고, 하나님이 자신을 구해주실 것을 믿었다. 다니엘은 자신이 하나님을 섬기고 예배하면 왕의 법에 의하여 죽을 것을 알았지만, 그럼에도 불구하고 그는 하나님을 믿었다. 하나님을 믿고 기도할 때 하나님이 자신을 보호하여 주실 것을 믿었다. 결국 하나님을 믿는 그 믿음으로 나갈 때 하나님은 사자굴에 던져진 다니엘을 살려주셨다. 오늘 우리도 많은 문제를 만난다. 그러나 어떤 문제가 있다고 해도 하나님을 믿고 기도하면 하나님은 우리의 기도를 들어 주시고 응답을 베풀어 주신다.

문제를 향하여 선포하고, 의심하지 말라

내가 진실로 너희에게 이르노니 누구든지 이 산더러 들리어 바다에 던져지라 하며 그 말하는 것이 이루어질 줄 믿고 마음에 의심하지 아니하면 그대로 되리라 (막 11:23)

기도하면 응답을 주신다. 마가복음 11장 23절에서 "누구든지…"라는 단어를 주목해야 한다. 기도는 어떤 특별한 사람에게만 응답을 주시는 것이 아니다. 하나님은 우리가 기도할 때 "누구든지" 하나님께 믿음으로 기도 하면 하나님은 우리의 기도를 들고 응답해 주신다. 어린아이도 어른도 그 누구든지, 하나님이 나의 기도를 들으시는 것을 믿고 기도하면 기적은 일어난다.

문제를 향하여 명령하자. 예수님은 "이 산더러 들리어 바다에 던져지라 하며"라고 말씀하셨다. 산은 산과 같은 문제를 말한다. 우리가 산과 같은 문제를 바다에 던져지라고 명할 때 그 기도대로 산과 같은 문제가 움직이게 된다는 것이다. 예수님은 죽은 나사로의 무덤 앞에 가셨다. 이미 나사로는 죽은지가 나흘이 지났다. 나사로의 죽음은 산과 같은 것이었다. 그러나 예수님은 그 죽은 나사로라는 산을 옮겨 그를 살리는 기적을 나타내셨다. 예수님이 나사로에게 나오라고 명령하자 죽은 나사로가 수족을 베로 동인 채로 나왔다. 죽은 사람도 사는 기적이 일어나게 된 것이다. 오늘 우리도 문제를 향하여 믿음으로 선포하면, 기적이 일어난다.

기도하고 구한 것은 받은 것으로 믿고 의심하지 말라. 믿음은 기적을 가져오지만, 의심은 기적을 깨뜨려 버린다. 오늘 우리는 믿음으로 살아야 한다. 믿음으로 기도하고, 믿음으로 응답을 받은 것을 믿고, 믿음으로 나아갈 때 기적은 일어난다.

우리는 열매 맺는 신앙인이 되어야 한다. 날마다 열매 맺는 사람이 될 수 있도록 예수님께 깊이 연결되어서 살아가자. 문제의 산이 있어도 그 문제를 해결하실 예수님이 우리와 함께 계심을 믿고, 믿음으로 문제를 향하여 선포하고, 그것이 이루어 질 줄을 믿고 믿음으로 살아가자.

열매 맺는 삶을 살자[34]

성경에 보면 예수님은 자주 비유로 말씀하셨다. 오늘 본문은 포도원의 주인과 그 포도원을 경작하는 사람들의 이야기를 가지고 포도원 주인 되시는 하나님께 대하여 우리가 어떤 자세를 가지고 살아야 하는가에 대하여 이야기 한다. 포도원의 비유의 말씀을 통하여 우리에게 주시는 말씀이 무엇인지 은혜를 나누기를 원한다. 본문이 우리에게 주는 교훈은 무엇일까?

하나님은 포도원의 주인이시다

오늘 성경 본문을 읽어보면, 주인은 포도원을 만들었다. 그리고 그 포도원을 농부들에게 세로 주었다. 주인은 농부들에게 그 포도원을 세로 주고, 그들의 소출에서 얼마는 그들이 사용하고, 얼마는 주인에게 수익을 나누어 주라는 것이다. 포도원의 주인은 하나님을 의미한다. 포도원은 세상을 의미하고, 농부는 이 세상을 살아가는 사람들이다. 하나님은 세상을 창조하셨다. 그리고 그 세상을 사람들에게 맡기

---

34) 막 12:1-12

셨다. 하나님은 사람들이 하나님이 맡긴 포도원을 잘 돌보고 열매 맺기를 원하신다.

하나님은 아담과 하와에게 아름다운 세계를 주셨다. 하나님은 아담과 하와에게 복을 주시고, 그들에게 맡긴 포도원을 잘 돌보기를 원하셨다. 그러나 아담과 하와는 하나님이 맡기신 포도원을 잘 돌보지 못하고, 하나님께 불순종하여 범죄하고 말았다.

> 하나님이 그들에게 복을 주시며 하나님이 그들에게 이르시되 생육하고 번성하여 땅에 충만하라, 땅을 정복하라, 바다의 물고기와 하늘의 새와 땅에 움직이는 모든 생물을 다스리라 하시니라(창 1:28)

하나님은 아브라함을 세우셔서 이스라엘 백성들에게 가나안 땅을 선물로 주셨다. 하나님은 아브라함의 후손들이 그 땅에서 열매 맺는 삶을 살기를 원하셨다. 그러나 그들은 하나님을 잃어버리고 바알과 아세라 우상을 섬기며 하나님이 주신 복을 잃어버리게 되었다. 이스라엘 백성들은 우상을 섬길 때마다 외부의 적으로 인하여 큰 고난을 당하게 되었다. 하나님은 그럴 때마다 외부의 적으로부터 그들을 보호해 주시고 인도해 주셨다.

하나님은 열매 맺기를 원하신다

주인은 농부들로부터 포도 수확의 일부를 나누어 받기를 원했다. 이것은 하나님이 우리에게 포도원에 열매를 맺게 하셔서 그 열매를 하나님께 돌려 드리기를 원하시는 것이다. 하나님이 우리를 통하여 맺기 원하는 열매는 무엇일까?

하나님은 우리가 구원의 열매를 맺기 원하신다. 하나님은 예수님을 이 땅에 보내서 우리의 모든 죄를 짊어지시고, 죽으시고, 부활하심으로 우리의 모든 죄를 용서해 주시고, 우리에게 구원의 열매를 맺게 해 주셨다. 오직 예수님의 그 보배로운 피로 우리는 구원의 열매를 맺게 되었다.

> 너희가 알거니와 너희 조상이 물려 준 헛된 행실에서 대속함을 받은 것은 은이나 금 같이 없어질 것으로 된 것이 아니요 오직 흠 없고 점 없는 어린 양 같은 그리스도의 보배로운 피로 된 것이니라 (벧전 1:18-19)

저주에서 자유롭게 되어 아브라함의 복의 열매를 맺기 원하신다. 아담과 하와가 에덴동산에서 쫓겨난 이래로 사람들은 가난과 저주 가운데 살게 되었다. 그러나 예수님이 오셔서 우리의 저주를 짊어지시고 십자가에서 돌아가셨다. 그래서 누구든지 예수를 믿으면 저주가 떠나가고 아브라함의 부요의 열매를 맺게 하셨다.

> 그리스도께서 우리를 위하여 저주를 받은 바 되사 율법의 저주에서 우리를 속량하셨으니 기록된 바 나무에 달린 자마다 저주 아래에 있는 자라 하였음이라 이는 그리스도 예수 안에서 아브라함의 복이 이방인에게 미치게 하고 또 우리로 하여금 믿음으로 말미암아 성령의 약속을 받게 하려 함이라 (갈 3:13-14)

질병 치유의 열매를 맺기 원하신다. 우리는 인생을 살아가면서 수많은 문제와 질병을 만난다. 그러나 예수님이 오셔서 우리의 모든 병을 짊어져 주시고, 우리를 위하여 채찍에 맞으심으로 우리의 모든 병을 고쳐주셔서 치유의 열매를 맺게 해 주셨다.

> 친히 나무에 달려 그 몸으로 우리 죄를 담당하셨으니 이는 우리로 죄에 대하여 죽고 의에 대하여 살게 하심이라 그가 채찍에 맞음으로 너희는 나음을 얻었나니(벧전 2:24)

예수님은 채찍을 맞으셨다. 예수님이 채찍에 맞을 때 우리의 모든 병이 떠나갔다. 예수님에게 채찍이 한번 가해질 때 우리의 암이 떠나고, 또 한 번 가할 때 우리의 중풍이 떠나고, 예수님이 채찍을 맞을 때마다 우리의 모든 병이 떠나갔다.

열매를 하나님께 드리며, 이웃에게 나누며 살자

농부들은 주인이 소출에서 나온 열매를 요구한다고 했을 때, 그들의 마음속에 탐욕이 다가왔다. 주인이 포도원을 그들에게 맡겼으나 그 열매를 가만히 보니, 자신들이 주인에게 돌려주지 않고 그것을 자신들이 가지면 큰돈이 될 것이기 때문에 주인이 아무리 사람을 보내도 열매를 나누어 주지 않고, 그들을 때리고 상하게 하여 쫓아 보냈다. 그들의 마음속에는 탐욕이 가득했다. 결국 주인은 그의 상속자인 아들을 보내면 농부들은 그를 존경하여 수확한 열매를 나누어 줄 것이라 생각했다. 그러나 농부들은 상속자를 죽이면 더 이상 자신에게 수확을 요구할 사람이 없어지기 때문에 상속자를 죽이기로 결단했다. 결국 농부들은 주인의 상속자를 죽였다. 여기서 상속자는 예수 그리스도를 의미한다. 하나님은 이 세상에 포도원을 세우시고, 그 포도원을 사람들에게 맡기셔서 그들이 열매 맺는 삶을 살아 하나님께도 드리고, 이웃들에게도 나누며 살기를 원하셨다. 하지만 인색한 사람들은 하나님께 열매를 나누는 것을 아까워했고, 그 열매를 요구하는 상속자 되는 예수님까지 십자가에 못 박아 죽게 한 것이다. 오늘 하나님이 우리에게 사랑하는 마음으로 주신 것의 일부를 하나님께 돌려 드리고, 이웃들에게 나누는 삶을 살라는 것이다.

우리는 우리의 수입의 십분의 일을 하나님께 십일조로 드린다. 그 외에도 각종 헌금을 드린다. 그것은 우리가 받은 복의 일부를 하나님께 돌려드리는 것이다. 하나님을 사랑하는 마음을 보여드리는 것이다. 우리가 하나님께 물질을 드린다는 것은 하나님을 사랑하는 마음이 우리에게 있음을 보여드리는 것이다. 하나님께 돌려 드릴 뿐만 아니라 우리의 주변의 어려움을 당하는 사람에게 구제를 통하여 사랑을 베푸는 것이다. 우리가 이와 같이 하나님께 드리고, 이웃들에게 사랑을 나눌때 하나님은 기뻐하신다. 그리고 우리가 드리는 그 손길에 넘치는 복을 주신다.

> 주라 그리하면 너희에게 줄 것이니 곧 후히 되어 누르고 흔들어 넘치도
> 록 하여 너희에게 안겨 주리라 너희가 헤아리는 그 헤아림으로 너희도 헤
> 아림을 도로 받을 것이니라(눅 6:38)

우리는 하나님이 맡기신 것을 관리하는 사람이라는 사실을 잊지 말아야 한다. 하나님이 우리에게 맡기신 것을 잘 관리하여 열매를 맺고, 맺은 그 열매를 하나님께 돌리며, 어려운 이웃들에게 사랑을 베풀고 나누는 삶을 살아가자.

부활 신앙으로 살자[35]

오늘 본문에 보면, 어떤 사람이 예수님께 와서 형이 후사가 없이 죽으면 형의 아내와 형의 동생이 결혼을 해서 형의 이름으로 후사를 이어주는 이스라엘의 전통이 있는데, 첫째 형이 후사가 없이 죽어서 둘째가 형수와 결혼을 하였는데 또 후사가 없이 죽었고, 그렇게 일곱째까지 결혼을 했다고 했을 때, 나중에 하늘나라에 가면 그 아내는 형제 중의 누구의 아내가 될 것인가 하는 질문을 했다. 본문이 우리에게 주는 교훈은 무엇일까?

성경을 바로 알자

예수님은 그 사람이 그런 질문을 하는 것은 성경을 제대로 알지 못하고, 성경을 오해하고 있기 때문이라 말씀하신다.

예수께서 이르시되 너희가 성경도 하나님의 능력도 알지 못하므로 오

---

35) 막 12:18-27

해함이 아니냐(막 12:24)

사람이 죽어서 하나님의 나라에서 살아갈 때 하나님의 나라는 세상의 법에 의해서 좌우되는 곳이 아니라는 것이다.

> 사람이 죽은 자 가운데서 살아날 때에는 장가도 아니 가고 시집도 아니
> 가고 하늘에 있는 천사들과 같으니라(막 12:25)

사람이 죽으면 육신을 가지고 살아가는 것이 아니라 신령한 몸으로 변화되어 살아가게 되므로 이제는 결혼도 하지 않고, 천사와 같은 존재가 된다는 것이다. 천사가 결혼을 하지 않는 것처럼 인간은 죽어 천국에 가면 천사들과 같은 존재로 살게 되는 것이다. 성경을 바로 알기 위해서 우리는 매일 성경을 읽고 묵상해야 한다. 하나님은 우리가 성경 말씀을 읽을 때 우리가 어떻게 하나님을 예배하고, 찬양하며, 우리가 어떻게 주변의 이웃들에게 사랑을 베풀며 살아야 하는지 깨닫게 하신다. 우리는 매일 성경을 읽고 말씀을 순종해야 한다. 하나님은 왜? 우리에게 성경을 읽으라고 하시는 것일까? 그 말씀을 읽고, 그 말씀에 순종하여 하나님이 예비하신 놀라운 복을 받으라는 것이다.

하나님의 능력을 알자

예수님에게 질문한 사람들의 문제는 무엇인가? 하나님의 능력을 제대로 알지 못했다는 것이다. 당시에 사두개인들은 부활을 믿지 않았다. 하나님이 사람들에게 부활을 주신다는 것을 알지 못했기 때문이다.

죽은 자가 살아난다는 것을 말할진대 너희가 모세의 책 중 가시나무 떨기에 관한 글에 하나님께서 모세에게 이르시되 나는 아브라함의 하나님이요 이삭의 하나님이요 야곱의 하나님이로라 하신 말씀을 읽어보지 못하였느냐(막 12:26)

하늘나라에서는 모두가 살아있다. 하나님은 모세에게 나는 아브라함의 하나님이라고 말씀하셨다. 여기서 우리가 주목할 부분은 한글 성경에는 잘 나타나 있지 않지만, 원어 성경에는 나는 아브라함의 하나님이라는 말이 현재형으로 되어 있다. "나는 아브라함의 하나님이었다."가 아니고 "나는 아브라함의 하나님이다."라는 말이다. 왜? 하나님은 모세에게 마치 아브라함이 지금도 살아있는 것처럼, 나는 아브라함의 하나님이라고 현재형으로 말하고 있는 것일까? 그것은 하나님 앞에 모든 사람들은 살아있기 때문이다. 이삭도, 야곱도 모두 죽었으나 하늘나라에서는 모두 살아있는 것이다.

하나님은 죽은 사람도 다시 살리신다. 예수님은 오늘 본문의 말씀을 통하여 중요한 사실을 가르쳐주신다. 하나님은 죽은 자도 다시 살리신다는 것이다. 결국 이 이야기는 예수님이 십자가에서 죽으실 것이나, 다시 사실 것임을 말 해주는 것이다. 이것이 어떻게 가능한가? 하나님은 권능의 하나님이시기 때문이다. 우리는 하나님의 권능을 알고, 그 하나님의 권능을 믿어야 한다. 그럴 때 죽은 우리도 부활로 살아난다는 것이다. 예수님은 부활이 단순히 이야기에 그치는 것이 아니라 사실이라는 것을 사람들에게 알게 하기를 원하셨다.

예수님은 죽었던 소녀를 살리셨다. 회당장 야이로는 자신의 죽어가는 딸을 살려 달라고 예수님께 간청하러 나왔다. 그러나 야이로의 집으로 가는 도중 그 딸이 죽었다는 전갈을 받게 되었다. 보통 사람 같았으면 그 전갈을 받고 절망했을 것인데, 예수님은 그 아이가 죽은 것이 아니라 잔다고 말씀하셨다.

> 이르시되 물러가라 이 소녀가 죽은 것이 아니라 잔다 하시니 그들이 비
> 웃더라(마 9:24)

사람들은 예수님의 말을 믿지 않았다. 그 말을 비웃고 입을 삐쭉거렸다. 그러나 예수님은 회당장 야이로와 제자들과 함께 죽은 딸아이의 방에 들어가서 "달리다굼!" 하시니 죽은 소녀가 살아났다. 예수님은 죽은 사람도 살리신다. 성경에 보면 예수님은 죽었던 사람들을 많이 살리셨다. 그와 같이 예수님은 죽은 자를 살릴 수 있는 능력이 있다. 오늘 우리의 삶에도 어떤 문제가 다가와도 예수님은 죽음을 생명으로 바꾸는 부활의 권능이 있으시다는 것을 잊지 말아야 한다.

부활신앙으로 살자

우리는 인생을 살아가다가 언젠가는 우리의 심장이 멈추고 이 세상을 떠날 때가 온다.

> 내일 일을 너희가 알지 못하는도다 너희 생명이 무엇이냐 너희는 잠깐
> 보이다가 없어지는 안개니라(약 4:14)

사람이 살다가 안개와 같이 하루아침에 세상을 떠날 때가 온다. 그러나 우리에게는 죽음 이후에도 영원의 세계가 있다는 것을 기억해야한다. 우리가 죽어도 그 다음에는 영원의 세계가 준비되어 있다는 사실을 잊지 말라는 것이다.

> 내가 진실로 진실로 너희에게 이르노니 한 알의 밀이 땅에 떨어져 죽지 아
> 니하면 한 알 그대로 있고 죽으면 많은 열매를 맺느니라(요 12:24)

예수님을 믿으면, 예수님은 우리에게 부활의 새 생명을 주신다. 죽었던 우리가 새 생명으로 다시 살게 하신다. 그러므로 우리는 사망이 다가오더라도 그 이후에 영원의 삶이 있다는 것을 잊지 말아야 한다.

우리는 성경을 오해하지 말아야 한다. 사람은 이 땅에 태어났다가 한 번은 반드시 죽는다. 그러나 죽은 후에는 부활이 있다. 하나님은 오늘도 죽은 사람을 살리는 부활의 능력이 있으시다. 오늘 우리는 하나님을 의지하고, 부활신앙으로 무장하며, 우리를 죽음에서 구원하여 영원한 부활의 생명을 주신 예수님을 날마다 전하며 살아가자.

사랑하며 살자[36)

예수님 당시에는 지금과 같이 인쇄술이 발달되지 않은 시기였기 때문에 하나님의 말씀을 베껴 쓰며 말씀을 가르치는 일을 하는 종교인들이 있었다. 그들이 서기관이다. 오늘 본문에 보면, 한 서기관은 성경에 있는 수많은 율법의 말씀 가운데 어떤 말씀이 가장 큰 계명인가를 궁금해 하며, 예수님께 여쭈어 보았다. 그에게 대답해 주신 예수님의 말씀을 통하여 오늘 우리에게 주시는 교훈이 무엇인지 생각해 보기를 원한다. 본문이 우리에게 주는 교훈은 무엇일까?

하나님은 유일한 주님이시다

예수께서 대답하시되 첫째는 이것이니 이스라엘아 들으라 주 곧 우리 하나님은 유일한 주시라(막 12:29)

이 말씀은 이스라엘 백성들에게 아주 익숙한 말씀이다. 이스라엘 백

---

36)   막 12:28-34

성들은 어려서부터 아이들에게 하나님을 사랑하라고 가르친다.

> 이스라엘아 들으라 우리 하나님 여호와는 오직 유일한 여호와이시니
> 너는 마음을 다하고 뜻을 다하고 힘을 다하여 네 하나님 여호와를 사랑하
> 라(신 6:4-5)

예수님은 하나님을 "유일한 주"라고 고백하고 있다. 이 말씀은 우리에게 어떤 의미를 가지고 있는가?

하나님은 목마른 사람에게 생수를 공급하신다. 예레미야 선지자는 이스라엘 백성들에게 그들이 행한 죄악을 고발했다. 그것은 생수의 근원이신 하나님을 버렸다는 것이다.

> 내 백성이 두 가지 악을 행하였나니 곧 그들이 생수의 근원되는 나를 버
> 린 것과 스스로 웅덩이를 판 것인데 그것은 그 물을 가두지 못할 터진 웅
> 덩이들이니라(렘 2:13)

이스라엘 백성들에게 물은 생명과도 같다. 물이 없으면 농사를 지을 수도 없고, 살아갈 수도 없다. 그래서 하나님은 우리에게 생명수와 같은 분이라는 것이다. 오늘 우리도 인생을 살아가면서 목마를 때가 있다. 그러나 하나님이 우리의 생수를 공급하시는 나의 주인이심을 기억하고, 주님을 의지하고 살아갈 때, 하나님은 우리에게 생수를 공급하시고, 목마름을 해결해 주신다.

하나님은 우리가 부족함이 없게 하신다. 다윗은 하나님이 자신의 목

자가 되셔서 자신을 보호하시고 인도해 주신다고 고백했다.

> 여호와는 나의 목자시니 내게 부족함이 없으리로다 그가 나를 푸른 풀
> 밭에 누이시며 쉴 만한 물 가로 인도하시는도다(시 23:1-2)

다윗은 사울왕이 자신을 죽이려고 할 때마다 하나님께 나아가 간절히 기도했다. 하나님이 자신을 보호해 주시고, 자신을 인도해 주실 것을 간구했다. 그가 기도할 때마다 하나님은 다윗을 보호해 주셨다. 그래서 그는 시편 23편에서 하나님을 찬양하고 있는 것이다. 오늘 우리도 인생을 살아가면서 수많은 위기를 만난다. 그러나 어떤 위기가 다가와도 하나님이 우리를 위기에서 건져주심을 믿자. 하나님은 우리의 주인이시다.

하나님을 사랑하자

예수님은 하나님이 우리에게 주신 첫째 계명은 하나님을 사랑하는 것이라고 말씀하셨다.

> 네 마음을 다하고 목숨을 다하고 뜻을 다하고 힘을 다하여 주 너의 하
> 나님을 사랑하라 하신 것이요(막 12:30)

예수님은 우리가 하나님을 사랑할 때 우리의 마음을 다해서, 목숨을 다해서, 뜻을 다해서, 힘을 다해서 사랑하라고 말씀하신다. 왜? 우리는 이처럼 하나님을 사랑해야 하는가?

하나님이 먼저 우리를 사랑하셨기 때문이다. 하나님은 하나밖에 없는 그의 아들인 예수님을 이 세상에 보내서서 죄인인 우리를 위하여 십자가에서 죽게 하셔서 우리를 구원하심으로 우리를 향한 하나님의 사랑을 확증해 주셨다.

> 우리가 아직 죄인 되었을 때에 그리스도께서 우리를 위하여 죽으심으로
> 하나님께서 우리에 대한 자기의 사랑을 확증하셨느니라 (롬 5:8)

놀라운 것은 우리는 죄인이고, 아무런 사랑을 받을 만한 일을 한 것이 없는데, 하나님께서는 그런 죄인인 우리를 구원하시려고 그 아들 예수님을 십자가에서 죽게 하시고, 우리를 죄에서 건져 주시고 구원을 베풀어 주신 것이다. 그것이 놀라운 하나님의 사랑이다. 하나님이 우리를 그처럼 사랑하시니, 우리가 하나님을 사랑하지 않을 수 없는 것이다.

예수님이 우리의 병을 짊어지셨기 때문이다. 예수님은 가시는 곳마다 수많은 사람들의 병을 고쳐주셨다. 질병으로 인하여 고통받는 사람들을 보시면서 예수님은 그들을 불쌍히 여기셔서 그들의 병을 고쳐주셨다. 베드로는 예수님이 십자가에 달리시기 전 채찍에 맞으심으로 우리의 모든 병을 고치신 것을 깨달았다. 그래서 그는 베드로전서에 기록하면서 예수님의 은혜에 감격했다.

> 친히 나무에 달려 그 몸으로 우리 죄를 담당하셨으니 이는 우리로 죄에
> 대하여 죽고 의에 대하여 살게 하심이라 그가 채찍에 맞음으로 너희
> 는 나음을 얻었나니 (벧전 2:24)

베드로도 가는 곳마다 병든 자를 고치고, 죽은 사람을 살렸다. 사랑의 예수님이 사람들을 고치기를 원하시는 것을 알았기 때문이다. 하나님은 우리에게 놀라운 은혜를 베풀어 주셨다. 우리를 죄에서 구원하시고, 병에서 건져 주셨다. 그러니 우리가 어떻게 하나님을 사랑하지 않을 수 있겠는가? 우리는 하나님께 마음을 다하고 목숨을 다하고 뜻을 다하고 힘을 다하여 사랑해야 한다.

예수님은 두 번째 계명으로 이웃을 내 자신과 같이 사랑하라고 말씀하셨다.

> 둘째는 이것이니 네 이웃을 네 자신과 같이 사랑하라 하신 것이라 이보다 더 큰 계명이 없느니라(막 12:31)

예수님은 우리가 우리를 사랑하는 것에 그치지 말고, 우리를 사랑하는 것처럼 우리의 이웃들도 사랑하라는 것이다. 성경에 보면 한 사람이 예수님께 나와 나의 이웃이 누구냐고 예수님께 물었다. 그러자 예수님은 예루살렘에서 여리고로 내려가다가 강도 만난 사람의 이야기를 들려주셨다. 사마리아 사람은 강도 만난 사람에게 포도주를 상처에 부어 치료해 주고, 그 사람을 주막으로 데려다가 주막 주인에게 돈을 주면서 그 사람을 잘 치료해달라고 부탁했다. 예수님은 우리가 사마리아 사람처럼 강도 만난 사람의 이웃이 되라고 말씀하셨다.

우리는 하나님을 사랑하고 살아야 한다. 마음을 다하고 성품을 다하고 힘을 다하여 하나님을 사랑하고, 이웃에서 고통받는 사람들에게 사랑을 베풀며 하나님의 뜻을 이루며 살아가자.

교만한 태도를 경계하라[37)

우리는 살아가면서 사람들의 태도로 인하여 즐거움을 갖기도 하고, 상처를 받고 살기도 한다. 하나님이 기뻐하시는 태도는 어떤 것일까? 예수님은 본문의 말씀을 통하여 우리가 어떤 태도를 가지고 살아야 하는가에 대하여 말씀하신다. 본문이 우리에게 주는 교훈은 무엇일까?

겸손하게 살자

예수님은 당시의 서기관들이 가진 태도의 문제점을 말씀하셨다.

> 예수께서 가르치실 때에 이르시되 긴 옷을 입고 다니는 것과 시장에서
> 문안 받는 것과 회당의 높은 자리와 잔치의 윗자리를 원하는 서기관들을
> 삼가라(막 12:38-39)

---

37) 막 12:38-44

교만을 주의해야 한다. 긴 옷을 입고 다닌다는 의미는 사람들에게 주목받기를 원하는 태도를 의미한다. 당시에 왕이나 특별한 사람은 긴 옷을 입고 다녔다. 그들은 사람들에게 특별히 주목을 받는 사람이었다. 서기관들은 이와 같이 사람들에게 주목을 받기를 원하는 사람이었다.

사람들에게 인사 받기를 좋아하지 말아야 한다. 서기관들은 당시에 많은 사람이 모이는 장소에 자주 나타났다. 그곳에서 서기관들은 사람들에게 인사받기를 좋아했다. 자신이 나타나면 사람들이 알아서 자신을 알아봐주고 자신에게 인사하는 것을 즐겼다.

높은 자리에 앉는 것을 좋아하지 말아야 한다. 당시에 서기관들은 회당에 가면 높은 지위의 사람들이 앉는 자리에 자신이 앉기를 원했다. 자신이 높은 사람이라고 생각했기 때문이다. 이 모든 태도는 당시의 서기관들이 스스로 자신을 높이는 사람이었다는 것을 말한다. 예수님은 우리가 서기관과 같이 교만한 태도를 가지고 살지 말라고 말씀하신다.

> 심히 교만한 말을 다시 하지 말 것이며 오만한 말을 너희의 입에서 내지 말지어다 여호와는 지식의 하나님이시라 행동을 달아 보시느니라(삼상 2:3)

우리가 교만하지 말아야 할 이유는 하나님은 우리의 행동을 저울에 달아보신다는 것이다. 우리가 교만하게 행동하는지 겸손하게 행동을 하는지 하나님은 보고 계신다는 것이다. 왜? 예수님은 교만한 태도를 못 마땅히 여기셨을까? 그것은 사람이 교만할 때 하나님을 의지하지 않기 때문이다. 교만한 사람은 사람을 무시할 뿐만 아니라 하나님까지도 무시하게 되기 때문이다.

진실하고 경건하게 살자

> 그들은 과부의 가산을 삼키며 외식으로 길게 기도하는 자니 그 받는 판결이 더욱 중하리라 하시니라(막 12:40)

진실하고 경건한 삶을 살자. 당시의 서기관들은 많은 기도도 하고, 사람들에게 존경을 받는 자리에 있는 사람인 것처럼 보였지만, 실제로는 어려움 가운데 있는 사람들을 도와주는 것이 아니라 가난한 과부의 가산을 삼키는 사람이었다. 그들은 가난한 사람들이 감당할 수 없는 고리의 이자를 받아서 결국은 가난한 과부의 모든 재산을 삼키는 사람이었다. 성경은 과부들과 고아들을 도와주라고 말하고 있다. 그러나 당시의 서기관들은 약자들을 착취하고 살았던 것이다.

하나님은 은밀한 기도를 들으신다. 당시의 서기관들의 또 다른 문제는 경건에서 나오는 기도가 아니라 사람들에게 보이기 위해서 외식적인 기도 생활을 했다는 것이다. 예수님은 기도할 때 사람들에게 보이기 위해서 기도하지 말고, 하나님께 진실한 마음으로 기도하라는 것이다.

> 너는 기도할 때에 네 골방에 들어가 문을 닫고 은밀한 중에 계신 네 아버지께 기도하라 은밀한 중에 보시는 네 아버지께서 갚으시리라(마 6:6)

우리는 사람들을 의식하여 사람들에게 보이기 위해서 기도하지 말고, 은밀한 중에 계시는 하나님께 기도해야 한다. 하나님께 나아가 은밀하게 부르짖고 간구할 때, 하나님은 그 기도를 들으시고 응답해 주시는 것이다. 많은 사람들이 보고 있는 길가, 시장, 길모퉁이에서 아무리 기도해도 하나님은 그곳에서 하는 기도에 귀를 기울이지 않으신다. 하나님은 우리가 하나님을 사랑하는 마음으로 은밀하게 주님께 나가 간구할 때, 우리를 주목하시고 우리의 기도에 응답해 주신다.

교만한 사람은 결국 심판을 받는다. 마가복음 20장 40절 끝 부분에 보면 "그 받는 판결이 중하다."라고 말씀하셨다. 그 의미는 서기관들과 같이 사람들에게 보이기를 좋아하는 외식하는 사람들은 결국 심판을 받게 된다는 것을 잊지 말라는 것이다.

헌물을 드릴 때 마음을 다하여 드리자

예수님은 서기관의 교만한 태도, 외식하는 태도에 대해 말씀하시다가 성전의 헌금함 앞에서 헌금을 하는 사람들의 모습을 보시면서 어떤 태도를 가지고 하나님께 헌물을 드려야 하는가를 말씀하셨다.

> 예수께서 헌금함을 대하여 앉으사 무리가 어떻게 헌금함에 돈 넣는가를 보실새 여러 부자는 많이 넣는데 한 가난한 과부는 와서 두 렙돈 곧 한 고드란트를 넣는지라 예수께서 제자들을 불러다가 이르시되 내가 진실로 너희에게 이르노니 이 가난한 과부는 헌금함에 넣는 모든 사람보다 많이 넣었도다(막 12:41-43)

오늘 본문에 보면, 어떤 부자들은 많은 돈을 헌금 하였다. 그러나 예수님은 그것을 보시면서 그들이 많은 헌금을 했다고 말씀하시지 않았다. 오히려 한 과부가 두 렙돈의 동전을 헌금함에 드리는 것을 보고 그 여인이 많은 헌금을 했다고 말씀하셨다. 금액 면에서 보면 부자들이 드린 헌금이 많은 것이 맞다. 그러나 예수님은 사람들이 하나님께 헌금을 드릴 때 헌금의 액수보다 그들이 어떤 마음으로 헌금을 드리는가가 중요하다는 것이다. 많은 헌금을 드린 부자들은 실상은 그들의 많은 재산 중에 극히 작은 일부를 드린 것이지만, 여인은 자신의 생활비 전체를 하나님께 드렸다는 것이다. 그래서 비율로 볼 때, 여인이 드린 헌금이 부자들보다 많게 드렸다는 것이다. 부자들은 자신들의 생활비 전부를 드린 것은 아니기 때문이다. 여인은 자신의 모든 생활비를 하나님께 헌금으로 드리면 어떻게 살려고 그 헌금을 다 생활비로 드렸을까? 여인이 자신의 생활비를 모두 하나님께 드릴 수 있었던 것은 하나님의 주신 큰 은혜에 대한 감격으로 드린 것이며, 하나님이 자신의 모든 것을 책임져 주실 것을 믿는 믿음이 있었기 때문이다. 그 여인은 믿음으로 하나님께 자신의 모든 것을 드렸다.

예수님은 우리가 교만한 태도로 살기를 원치 않으신다. 겸손한 태도로 살라는 것이다. 진실하고 경건한 사람으로 살며 과부와 같이 어려움에 처한 사람들에게 사랑의 손길을 주며 살라는 것이다. 은밀하게 하나님께 기도하며, 하나님께 예물을 드릴 때도 사람에게 보이려고 하지 말고, 은밀하게 드리되 감사의 마음을 담아 믿음으로 드리라는 것이다. 하나님께 믿음과 감사로 드리는 사람에게 하나님은 넘치게 돌려주셔서 많은 사람에게 나누고 베풀며 살 수 있는 은혜를 주신다.

성령을 의지하라[38]

예수님과 제자들이 예루살렘 성전에서 나가실 때 제자 중 한 사람
은 예루살렘 성전의 웅장함에 감격하여 이 돌과 건물들이 어떠한가
하고 주님께 말씀을 드렸다. 그러자 예수님은 성전의 돌 하나도 돌 위
에 남지 않고 다 무너질 것이라고 말씀하셨다. 제자들이 얼마나 놀랐
을까? 이 웅장한 성전이 다 무너지다니? 중요한 것은 성전의 웅장함이
아니라 그 성전에 거하는 하나님이며, 우리가 하나님께 영광을 돌리고
영원한 천국을 바라보며 살아가는 것이다. 본문이 우리에게 주는 교훈
은 무엇일까?

영적 분별력을 가지고 살자

많은 사람이 내 이름으로 와서 이르되 내가 그라 하여 많은 사람을 미

혹하리라(막 13:6)

---

38) 막 13:3-13

예수님은 많은 사람들이 예수님의 이름으로 와서 자신이 그리스도라고 하며 많은 사람을 미혹시킬 것이라고 말씀하셨다. 예수님이 십자가에서 돌아가시고, 부활 승천하신 후에도 사람들 가운데 예수님을 사칭해서 자신이 부활하신 예수님이라고 이야기 하고 다니는 사람들이 있을 것이라는 것이다. 왜? 그런 일이 생기나? 예수님을 사칭해서 사람들을 잘못된 길로 인도하기 위해서다. 사탄은 그런 일의 명수다. 요즘에도 보면 명품 가방, 명품 옷을 본떠서 만든 가짜들이 있다. 왜? 이런 가짜가 생기는 것일까? 진짜 명품이 값이 나가기 때문이다. 자신이 예수님이라고, 자신이 하나님이 보낸 사람이라고, 사람들을 미혹하고 유혹하는 사람들이 나오는 이유는 예수님이 가치 있는 분이기 때문에 예수님을 흉내 내서 자신의 유익을 얻으려고 하는 것이다.

사탄은 거짓 선지자들을 통하여 사람들을 속인다.

거짓 선지자들을 삼가라 양의 옷을 입고 너희에게 나아오나 속에는 노략질하는 이리라(마 7:15)

예수님의 이름으로 다가와서 사람들에게 그럴듯하게 접근을 하지만 실제로는 사람들의 마음에서 믿음을 제하여 버리려고 하는 것이다. 우리는 늘 조심해야 한다. 우리 주변에 거짓으로 사람들을 속이고, 거짓으로 미혹하여 잘못된 길로 이끌고 가려는 이단들이 우리 주변에 늘 있기 때문이다. 우리는 늘 잘못된 말씀을 가르치는 사람들을 주의해야 한다.

문제 가운데 성령을 의지하자

예수님의 제자들은 복음 때문에 핍박을 당할 때가 올 것을 기억하라는 것이다. 예수님이 고난을 받으셨듯이 공회에 넘겨지고, 회당에서 매질을 하며, 권력자들과 임금 앞에 서서 심문을 받게 될 것이라는 것이다. 그럴 때 두려워하지 말고 성령을 의지하라는 것이다. 그때 무슨 말을 해야 할까 미리 염려하지 말라는 것이다. 그때 성령께서 해야 할 말을 알려주신다는 것이다.

> 사람들이 너희를 끌어다가 넘겨 줄 때에 무슨 말을 할까 미리 염려하지
> 말고 무엇이든지 그 때에 너희에게 주시는 그 말을 하라 말하는 이는 너희
> 가 아니요 성령이시니라(막 13:11)

어떤 위기가 다가온다고 해도 성령이 그들과 함께 하셔서 그들에게 할 말을 생각나게 하시고, 그 모든 위기를 이길 수 있는 믿음과 힘을 주실 것이라는 것이다. 성령은 늘 우리가 위기 가운데 있을 때, 연약할 때, 우리를 위하여 기도하시고 인도해 주신다.

> 이와 같이 성령도 우리의 연약함을 도우시나니 우리는 마땅히 기도할
> 바를 알지 못하나 오직 성령이 말할 수 없는 탄식으로 우리를 위하여 친히
> 간구하시느니라(롬 8:26)

사도행전 4장에 보면 예수님이 부활 승천하신 후 제자들은 성령의 충만을 받아서 열심히 복음을 전했다. 제사장들이 제자들을 불러 협박하며 그들이 무슨 권세와 누구의 이름으로 복음을 전하는가 하고

물었다. 그때 베드로는 제사장들 앞에서 성령이 충만하여 담대하게 외쳤다. 우리도 문제를 만날 때, 성령을 의지해야 한다. 우리가 성령을 의지할 때, 성령은 말할 수 없는 탄식으로 우리를 위해서 간구해 주시고 힘을 주신다. 우리는 성령을 의지함으로 승리의 삶을 살 수 있다.

핍박 가운데 복음을 전하자

가족들로부터 핍박을 받을 수 있다. 예수님은 형제가 형제를, 아버지가 자식을 죽는 데에 내어준다고 말씀하셨다. 복음을 전할 때 그 복음에 반대하여 이런 일이 제자들에게 일어날 것이라는 것이다.

> 형제가 형제를, 아버지가 자식을 죽는 데에 내주며 자식들이 부모를 대적하여 죽게 하리라(막 13:12)

우리도 예수님을 믿을 때 가족들 가운데 예수를 알지 못하는 부모님이나 형제들이 핍박을 하여 고통을 받는 사람들이 많이 있다. 그런 일은 이상한 일이 아니라는 것이다. 가족들이 복음을 알지 못하여 그렇게 핍박을 할 수 있다는 것을 기억하라는 것이다. 오늘 우리도 복음을 전할 때 가족들이 받아들이지 않고 우리를 핍박한다고 해도, 가족들에게 담대하게 복음을 전해야 한다.

사람들로부터 미움을 당할 수 있다. 예수님은 제자들이 예수님의 이름을 의지하여 복음을 전하면 제사장들과 종교인들에게 미움을 받게 될 것이라는 것이다.

> 또 너희가 내 이름으로 말미암아 모든 사람에게 미움을 받을 것이나 끝
> 까지 견디는 자는 구원을 받으리라 (막 13:13)

어떤 미움과 핍박이 다가와도 그것에 굴하지 말고 끝까지 견디라는 것이다. 끝까지 견디면 구원을 받게 될 것이라는 것이다. 오늘 우리도 끝까지 포기하지 않는 믿음, 끝까지 견디는 믿음으로 살아야 한다.

예수님은 다시 오신다. 예수님이 구름을 타고 큰 권능과 영광으로 다시 오시는 것을 사람들이 보게 될 것이다.

> 그 때에 인자가 구름을 타고 큰 권능과 영광으로 오는 것을 사람들이 보
> 리라 (막 13:26)

그렇다면, '그 때'와 '시기'는 언제가 될 것인가? 예수님은 말씀하시기를 그 때와 시기는 아무도 모르고, 오직 하나님 아버지만 아신다는 것이다. 그래서 우리는 주님이 언제 오시든지, 매일 천국을 준비하며 살아야 한다.

예수님의 제자들은 예루살렘 성전의 위엄에 감격했다. 그러나 예수님은 그 건물보다 그 건물의 주인이 되시는 하나님께 초점을 맞추기를 원하셨다. 건물은 결국 낡고 허물어질 수밖에 없기 때문이다. 우리의 삶 가운데 핍박을 받을 때 성령을 의지하고 살아서 어려움을 이기고 살아야 한다. 복음을 전할 때 어떤 핍박이 있어도 기쁨으로 예수님을 전하고 살자. 우리는 예수님이 오실 시기와 때는 알지 못하지만, 예수님은 다시 오신다.

헌신의 삶을 살자[39)

예수님은 베다니의 나병 환자 시몬의 집에 초대를 받으셨다. 예수님이 시몬의 집에서 식사를 하고 계실 때, 한 여자가 매우 비싼 나드 향유가 들어 있는 옥합을 가지고 와서 그 옥합을 깨뜨려 예수님의 머리에 부어드렸다. 이 모습을 본 당시의 사람들은 그 여인의 행동이 이해가 되지 않았다. 그들의 눈으로 볼 때는 삼백 데나리온이라는 300일치의 월급에 해당되는 값 비싼 향유를 예수님께 부어드린 그 여인의 행동이 이해가 되지 않았던 것이다. 그러나 예수님은 이 여인의 행동을 오히려 칭찬 하시고, 그 여인이 자신의 장례를 준비한 것이라고 말씀하셨다. 본문이 우리에게 주는 교훈은 무엇일까?

예수님은 소외된 사람의 친구이시다

예수님은 종종 당시의 종교인들이 기피하는 죄인들과 소외된 사람들과 식사를 하셨다. 예수님은 죄인의 대표적인 인물인 세리와 식사를

---

39) 막 14:3-9

하셨고, 이번에는 나병 환자와 식사를 하신 것이다. 이스라엘 사람들은 나병 환자들을 가까이 하지 않는다. 레위기 13장 45절에 보면 나병 환자는 사람들이 자신에게 가까이 오지 못하도록 "옷을 찢고 머리를 풀며 윗입술을 가리고 외치기를 부정하다."라고 해야 했다. 그러나 예수님은 나병 환자의 집에 가서서 그와 함께 식사를 하셨다. 나병 환자가 사람들에게 버림받고, 소외된 삶을 사는 것을 불쌍히 여기셨기 때문이다.

예수님은 병든 사람을 불쌍히 여기신다. 오늘도 예수님은 소외된 자, 병든 자, 약한 사람을 불쌍히 여기신다. 예수님은 그들의 친구가 되신다. 우리도 어떤 연약함이 있든지 예수님께 나아가면 예수님이 위로해 주시고 평안을 주신다.

> 예수께서 나오사 큰 무리를 보시고 불쌍히 여기사 그 중에 있는 병자를
> 고쳐 주시니라 (마 14:14)

은혜는 헌신을 가져온다

오늘 본문에 나오는 한 여인은 예수님께 큰 은혜를 받은 사람이었다. 그 여인은 예수님이 나병 환자 시몬의 집에서 식사하는 것을 보며, 마음속에 한 생각이 들었다. 예수님께 자신의 가장 귀한 선물을 드려야겠다는 생각이었다. 여인은 예수님께 어떤 선물을 드릴까? 생각하다가 자신의 집에 있는 나드 향유를 예수님께 부어드리자는 생각이 들었다. 나드 향유는 히말라야에서 자라는 나드 초의 뿌리에서 추출하

는 향유이다. 나드 향유는 신경 안정, 근육 이완, 머리 기름으로도 쓰이고, 시신의 방부제로도 쓰는 값비싼 향유이다. 처음에는 여인도 자신의 가장 큰 재산인 나드 향유를 예수님께 부어 드리는 것에 대하여 주저 했는지 모른다. 그러나 곧 그 여인은 자신이 받은 은혜에 비하면 그것은 아무것도 아니라는 생각을 하게 되었을 것이다. 그 여인은 결국 자신의 집으로 돌아가서 나드 향유가 들어있는 옥합을 가지고 예수님께 나왔다.

여인은 옥합을 가지고 와서 예수님 앞에서 깨뜨렸다. 나드를 가득넣은 옥합은 향유가 나가지 않도록 밀봉을 하기 때문에 나드 향유를 꺼내려면 옥합을 깨뜨려야만 한다. 여인은 주저하지 않고 예수님 앞에서 자신의 옥합을 깨뜨렸다. 그러자 그 옥합에서 나드 향유가 쏟아져 나와 온 방안에 향기로 가득했을 것이다. 여인이 옥합을 깨뜨려서 예수님께 향유를 쏟아 부어드렸다는 것은 자신의 가장 귀한 것을 아끼지 않고 예수님께 모든 것을 드리는 여인의 전적인 헌신을 보여준다.

여인은 예수님께 깊은 감사의 마음이 있었다. 주변의 사람들은 그 향유가 얼만데, 그 비싼 향유를 어떻게 한 두 방울도 아니고 옥합을 완전히 깨뜨려서 예수님의 머리에 부어드릴 수가 있느냐? 그렇게 허비를 하면 어떻게 하냐? 하고 말했지만, 여인은 그 값비싼 향유가 전혀 아깝지 않았다. 왜? 여인은 그 향유가 아깝지 않았을까? 예수님께 받은 은혜가 너무나 큰 것이기 때문이었다. 오늘 우리도 얼마나 놀라운 은혜를 받았는가? 우리가 주님께 받은 구원은 얼마나 값비싼 것인가? 우리가 하나님의 자녀가 되는 특권은 얼마나 값비싼 것인가? 우리가 하나님께 받은 사랑은 얼마나 놀라운 것인가? 오늘 우리도 헌신한 여인처럼 주님께 우리의 가장 귀한 것을 드리며 헌신하며 살아가자.

예수님은 헌신을 기억하신다

예수님의 제자들은 여인이 옥합을 깨뜨려 예수님께 향유를 부어드리는 것을 보고, 여인을 비난했다. 그렇게 허비하는 것보다 그것을 팔아서 가난한 사람들에게 나누어 주는 것이 더 좋겠다고 생각한 것이다. 그럴듯한 이야기였다. 평소에 가난한 사람들에게 사랑을 베푸신 예수님도 제자들의 말에 동의할 것이라고 생각했을 것이다. 그런데 예수님은 예상치 않은 말씀을 하셨다. 그 여인이 하는 행동을 그냥 두라는 것이다. 여인이 예수님께 좋은 일을 하였다는 것이다. 제자들에게는 이 말씀이 충격이었을 것이다. 예수님은 왜? 이 여인이 하는 행동을 그냥 두라고 하셨을까? 예수님이 그 향유가 그렇게 비싼 것이라는 것을 모르기 때문이었을까? 그렇지 않다. 예수님도 그 향유가 비싼 향유이고, 팔면 가난한 많은 사람들에게 유용하게 쓰일 수 있다는 것을 알고 계셨다. 그런데도 예수님은 그 여인의 행동을 그냥 두라는 것이다. 왜? 그랬을까? 하나님이 그 여인을 통하여 예수님의 장례를 준비하고 계셨기 때문이다.

사람들은 이 세상을 살아갈 때 두 번 큰돈을 쓴다. 첫 번째는 결혼식이다. 자녀들이 결혼을 할 때 부모의 허리는 휜다. 그만큼 많은 돈이 든다. 두 번째로 큰 돈을 쓰는 것은 장례식이다. 이 세상을 떠나면서 마지막으로 큰돈을 쓰는 것이다. 평소에는 아끼고 살던 사람도, 마지막 장례식에는 큰돈을 써서 장례를 치른다. 이스라엘 사람들은 장례를 치를 때 시신에 값비싼 향유를 바른다. 장례를 치르며 큰돈을 쓰는

것이다. 예수님은 그 여인이 값비싼 옥합을 깨뜨려 향유를 부은 것이
하나님이 그 여인에게 감동을 주셔서 예수님의 장례를 준비하고 계신
다는 것을 아셨다. 그래서 예수님은 제자들에게 그 여인이 하는 것을
그냥 두라고 하신 것이다. 하나님은 여인을 통하여 예수님의 십자가의
죽음을 준비하게 하시면서 예수님에게 일생일대의 위로를 베풀어 주
고 계신 것이다.

> 내가 진실로 너희에게 이르노니 온 천하에 어디서든지 복음이 전파되
> 는 곳에는 이 여자가 행한 일도 말하여 그를 기억하리라 하시니라(막 14:9)

감동 받으신 예수님은 어디서든지 복음이 전파되는 곳에 그 여인의
이야기도 기억될 것이라고 말씀하셨다. 오늘 우리도 그 여인의 이야기
를 하고 있지 않은가? 예수님은 헌신을 기억하신다. 꼭 그렇게까지 할
필요가 없다고 사람들은 말할지 모른다. 그렇게까지 예배를 드리고,
그렇게까지 찬양을 드리고, 그렇게까지 기도를 드리고, 그렇게까지 전
도를 하고, 그렇게까지 헌금을 할 필요가 없다고 말할지 모른다. 그러
나 주님은 우리가 주님께 드리는 헌신을 기억하신다. 오늘 우리도 받
은 은혜에 감사하며 여인처럼 헌신하는 삶을 살아가자.

예수님은 소외된 사람의 친구이시다. 오늘도 예수님은 소외된 자, 약
한 사람을 찾아오신다. 오셔서 그들을 위로해 주신다. 오늘 우리는 얼
마나 놀라운 은혜를 받았는가? 옥합을 깨뜨려 예수님께 깊은 감사를
드린 여인처럼, 받은 은혜에 감사하며 헌신하며 하나님을 찬양하며 살
아가자.

깨어 기도하여 시험을 이기라[40]

예수님은 일평생 기도하는 삶을 사셨다. 요단강에서 침례를 받으신 후 광야로 나가서 예수님은 40일 동안 금식하며 기도하셨다. 공생애의 사역을 시작하면서 예수님은 매일 새벽에 일어나 기도하시고, 한 낮에도 기도하시고, 밤에도 기도하셨다. 오늘 본문은 예수님이 십자가를 지시기 전 날 겟세마네 동산에 가서서 기도하신 것을 보여준다. 예수님은 겟세마네 동산에서 기도하실 때 얼마나 열심히 기도하셨던지 땀방울이 변하여 핏방울이 되었다고 성경은 말한다. 본문이 우리에게 주는 교훈은 무엇일까?

누구에게나 위기는 다가온다

예수님은 이제 얼마 있지 않아서 자신을 따르던 제자들이 자신을 팔고, 모른다고 부인할 것이며, 십자가에 못 박히시고 죽으실 것을 아셨다. 과연 제자들은 예수님의 십자가의 죽음을 어떻게 받아들이며, 그

---

40) 막 14:32-42

이후에도 예수님의 사역은 계속 될 것인가? 예수님의 사역에 위기가 다가오고 있는 것이다. 커다란 시험의 폭풍이 예수님과 제자들에게 불어오고 있었다. 그 위기의 순간에 예수님은 제자들에게 깨어 기도하라고 말씀하셨다. 우리의 인생에는 수많은 문제가 다가온다. 그 모든 문제를 이길 수 있는 비결은 깨어서 기도하는 것에 있다.

마음이 괴로울 때 깨어 기도해야 한다.

한나가 마음이 괴로워서 여호와께 기도하고 통곡하며(삼상 1:10)

한나는 자녀를 낳지 못하여 고통 가운데 있었다. 한나는 그런 고통의 순간에 손을 놓고 있지 않았다. 한나는 깨어 있었다. 괴로움의 순간에 하나님께 나아가 깨어서 기도했다. 그러자 하나님은 한나의 기도를 응답해 주시고, 사무엘을 잉태하게 하셨다.

위기를 만날 때 깨어 기도해야 한다. 이스라엘을 블레셋이 자주 침략해 와서 이스라엘은 위기 가운데 있었다. 이때 사무엘 선지자는 이스라엘 백성들을 미스바로 모이게 하였다. 그곳에서 깨어 기도하자는 것이다.

사무엘이 이르되 온 이스라엘은 미스바로 모이라 내가 너희를 위하여 여호와께 기도하리라 하매(삼상 7:5)

이스라엘 백성들이 미스바에 모였을 때 블레셋은 이스라엘을 공격해 왔다. 그 위기의 순간에 사무엘은 하나님께 기도하매, 하나님은 블레셋을 멸하시고, 이스라엘을 위기에서 건져주셨다. 인생을 살아가면서 누구에게나 위기가 다가온다. 그런 위기의 순간에 우리는 깨어서 기도해야 한다. 기도할 때 하나님은 위기가 변하여 기회가 되게 하시고, 길을 열어 주신다.

하나님은 기도를 듣고 응답하신다

예수님은 우리가 무엇을 구하든지 하나님이 우리의 기도를 들으시고, 응답해 주시는 하나님이심을 알고, 늘 하나님께 기도했다.

> 이르시되 아빠 아버지여 아버지께는 모든 것이 가능하오니 이 잔을 내게서 옮기시옵소서 그러나 나의 원대로 마시옵고 아버지의 원대로 하옵소서 하시고(막 14:36)

예수님은 하나님을 아빠라고 불렀다. 그만큼 예수님과 하나님은 친밀한 관계였다. 예수님은 아버지께 모든 것이 가능하다고 고백했다. 예수님은 하나님이 천지와 만물을 지으신 창조주가 되시니 모든 것이 가능하다고 고백한 것이다. 오늘 우리도 기도할 때 하나님께 친밀하게 나아가 모든 것을 가능케 하시는 하나님을 믿고, 기도해야 한다.

하나님이 함께 하시면 어떤 장애물도 극복할 수 있다. 갈렙은 여호수아와 함께 40년의 광야 생활을 마치고 가나안 땅으로 들어왔다. 갈렙은 여호수아에게 자신에게도 점령할 산지를 달라고 말했다. 갈렙은 자신의 나이가 85세여도 자신이 가나안 땅을 점령할 수 있다고 생각했다.

> 그 날에 여호와께서 말씀하신 이 산지를 지금 내게 주소서 당신도 그 날
> 에 들으셨거니와 그 곳에는 아낙 사람이 있고 그 성읍들은 크고 견고할지
> 라도 여호와께서 나와 함께 하시면 내가 여호와께서 말씀하신 대로 그들
> 을 쫓아내리이다 하니(수 14:12)

그는 하나님이 그와 함께 하시면 그가 나이가 많아도 하나님의 말씀대로 아낙 사람들을 내쫓을 수 있다고 고백한 것이다. 오늘 우리도 수많은 아낙 자손과 같은 문제를 만난다. 그러나 하나님이 함께 하시면 우리는 어떤 장애물도 뛰어 넘을 수 있다.

믿고 기도하면 산도 움직인다. 예수님은 기도할 때 우리가 믿으면 산도 움직일 수 있다고 말씀하셨다. 어떻게 그것이 가능한가? 하나님은 권능의 하나님이시기 때문이다.

> 내가 진실로 너희에게 이르노니 누구든지 이 산더러 들리어 바다에 던
> 져지라 하며 그 말하는 것이 이루어질 줄 믿고 마음에 의심하지 아니하면
> 그대로 되리라(막 11:23)

예수님은 늘 기도할 때 하나님이 기도한 모든 것을 이루어 주시고, 응답을 주실 것을 믿었다. 아무리 태산과 같은 큰 문제가 있어도 하나님의 능력을 믿고, 그 산을 향하여 명령할 때 그 산은 반드시 움직일 수밖에 없다는 것을 믿고 기도해야 한다.

깨어 기도할 때 시험을 이길 수 있다

> 돌아오사 제자들이 자는 것을 보시고 베드로에게 말씀하시되 시몬아
> 자느냐 네가 한 시간도 깨어 있을 수 없더냐 시험에 들지 않게 깨어 있어
> 기도하라 마음에는 원이로되 육신이 약하도다 하시고(막 14:37-38)

예수님은 제자들에게 기도하라고 말씀하시고, 예수님도 기도하셨다. 예수님이 기도를 마치고 돌아와 보니, 제자들은 자고 있었다. 예수님은 안타까워하시면서 제자들에게 "한 시간도 깨어 있을 수 없느냐"고 말씀하셨다. 사실 제자들은 그날 열심히 사역을 하였고, 밤늦은 시간이 되어서 저절로 눈이 감겼을 것이다. 이 세상에서 가장 무거운 것이 눈꺼풀이라는 말도 있다. 저녁 늦은 시간에 기도하려니 그들은 자신도 모르게 졸고 있었던 것이다. 그러나 예수님은 제자들이 기도하여 그들에게 다가올 시험을 이기기 원하셨다. 기도하면 시험을 이길 수 있기 때문이다. "한 시간도 깨어서 기도할 수 없느냐."라는 말씀은 적어도 한 시간은 깨어서 기도할 때 다가오는 시험을 이길 수 있다는 것이다. 베드로는 겟세마네 동산에서 예수님이 기도하라고 할 때 한 시간도 깨어서 기도하지 못했다. 결국 그는 잡혀가는 예수님을 보며 깊은 두려움에 사로잡혀 도망쳤고, 예수님이 심문 당하는 현장에서 예수님을 모른다고 부인하고 말았다.

> 근신하라 깨어라 너희 대적 마귀가 우는 사자 같이 두루 다니며 삼킬
> 자를 찾나니(벧전 5:8)

베드로는 자신도 깨어 기도하지 않아서 대적 마귀에게 속아서 예수

님을 모른다고 부인했다는 것이다. 우리는 그런 삶을 살지 말라는 것이다. 우리는 매일 깨어서 기도해야 한다. 예수님이 한 시간도 깨어 기도할 수 없느냐고 말씀하신 것처럼, 적어도 하루에 한 시간은 깨어서 예수님께 나아가 기도에 깨어 있자.

우리는 인생을 살면서 위기를 만난다. 그때가 기도할 때다. 늘 깨어서 기도해야 한다. 하나님은 오늘도 우리의 기도를 들으시고, 응답하신다. 늘 시험에 들지 않기 위하여 깨어 기도하여 마귀를 이기며 살아가자.

5장

십자가의 은혜와
부활의 신앙으로 살자

예수님은 다시 오신다[41]

예수님이 갈릴리를 중심으로 사역을 시작했을 때, 이스라엘의 대부분의 종교인들은 예수님이 하나님의 아들이라는 사실을 믿지 않았다. 그들은 유일신이신 하나님에게 아들이 있다는 사실을 믿을 수 없었다. 예수님이 가시는 곳마다 수많은 사람에게서 귀신을 쫓아내고, 병든 자를 고치며, 하나님의 나라를 선포할 때 수많은 사람들에게서 귀신이 떠나가고, 병 고침을 받게 되면서 점점 더 많은 사람들이 모여들었다. 예수님의 인기가 날이 갈수록 높아지자 이스라엘의 종교인들은 예수님을 신성 모독으로 몰아 십자가에 못 박아 죽이려고 했다. 본문이 우리에게 주는 교훈은 무엇일까?

예수님은 하나님의 아들이시다

침묵하고 아무 대답도 아니하시거늘 대제사장이 다시 물어 이르되 네가 찬송 받을 이의 아들 그리스도냐(막 14:61)

---

41) 막 14:53-65

대제사장은 예수님에 대하여 심문하면서 사람들이 제기한 혐의를 제기했다. 네가 성전을 허물면 사흘 만에 다시 짓겠다는 이야기를 했다는 것이 사실이냐? 네가 찬송 받을 이의 아들 그리스도냐? 라는 질문을 했다. 여기서 "찬송 받을 이"라는 말은 하나님을 가리킨다. 유대인들은 하나님의 이름을 망령되어 일컫지 않으려고 하나님이라는 말을 함부로 사용하지 않는다. 예수님은 대제사장에게 "내가 그니라."라고 대답했다. 그 말을 듣고 대제사장은 자신의 옷을 찢으며 예수님이 신성 모독의 말을 했다고, 더 이상 증거가 필요 없다고 했다. 예수님은 자신이 하나님의 아들이요, 그리스도이심을 고백함으로 십자가에서 죽게 된 것이다. 성경에 보면 예수님이 하나님의 아들 되심을 증명하는 중요한 증거들이 있다.

하나님은 예수님을 사랑하는 아들이라고 부르셨다. 예수님이 요단강에서 침례를 받으실 때 하나님 아버지가 예수님을 "너는 내 사랑하는 아들"이라고 말씀하셨다.

> 성령이 비둘기 같은 형체로 그의 위에 강림하시더니 하늘로부터 소리가 나기를 너는 내 사랑하는 아들이라 내가 너를 기뻐하노라 하시니라(눅 3:22)

예수님이 제자들과 함께 변화산에 있을 때 구름 속에서 하나님의 음성이 들렸다. 하나님께서 직접 예수님을 "내 사랑하는 아들"이라고 말씀하셨다. 하나님이 직접 예수님을 나의 사랑하는 아들이라고 했으니, 이것보다 확실한 증거가 어디 있겠는가?

마침 구름이 와서 그들을 덮으며 구름 속에서 소리가 나되 이는 내 사
랑하는 아들이니 너희는 그의 말을 들으라 하는지라 (막 9:7)

귀신도 예수님이 하나님의 아들이심을 고백했다. 예수님이 귀신들을
쫓아내실 때, 귀신들은 예수님이 하나님의 아들이심을 고백하였다.

더러운 귀신들도 어느 때든지 예수를 보면 그 앞에 엎드려 부르짖어 이
르되 당신은 하나님의 아들이니이다 하니 (막 3:11)

귀신은 영적인 존재이다. 그들은 예수님이 놀라운 권능을 가지고 계
신 것을 알고 있었다. 그래서 예수님이 귀신을 쫓아내실 때 귀신들은
순종할 수밖에 없었다.

예수님의 제자들도 예수님을 하나님의 아들이라고 고백했다.

시몬 베드로가 대답하여 이르되 주는 그리스도시요 살아 계신 하나님
의 아들이시니이다 (마 16:16)

예수님은 어느 날 제자들에게 사람들이 나를 누구라고 하느냐? 하
고 물으셨다. 그러자 제자들은 사람들이 예수님을 예레미야, 엘리야,
선지자중의 하나라고 말한다고 대답했다. 이어서 예수님은 제자들에
게 너희는 나를 누구라고 생각 하냐고 물었다. 그러자 베드로는 "주는
그리스도시요 살아계신 하나님의 아들이십니다."라고 대답했다. 예수
님은 이 말씀을 들으시고 크게 기뻐하시며 베드로를 칭찬해 주셨다.
제자들도 예수님이 하나님의 아들임을 분명히 알고 있었다.

예수님은 자신이 하나님의 아들이심을 고백했다.

> 예수께서 들으시고 이르시되 이 병은 죽을 병이 아니라 하나님의 영광
> 을 위함이요 하나님의 아들이 이로 말미암아 영광을 받게 하려 함이라 하
> 시더라(요 11:4)

예수님은 나사로를 살리러 가서 그의 병이 죽을 병이 아니라고 말씀
하시며, 하나님의 아들이 이로 말미암아 영광을 받게 하려 함이라고,
말씀하심으로 자기 자신을 하나님의 아들로 스스로 지칭하셨다.

예수님은 권능자의 우편에 앉으신다

> 예수께서 이르시되 내가 그니라 인자가 권능자의 우편에 앉은 것과 하
> 늘 구름을 타고 오는 것을 너희가 보리라 하시니(막 14:62)

하나님은 권능자이시다. 예수님은 대제사장에게 심문을 받으시면서
말씀하셨다. 하나님을 권능자라고 말씀하셨다. 하나님은 천지와 만물
을 지으신 창조주이시며 권능자이시다. 하나님은 권능자로서 우리의
삶을 주장하신다. 우리가 하나님을 믿을 때 하나님은 우리의 모든 것
을 채워 주시고 공급하신다. 우리는 살아가면서 많은 문제를 만난다.
그러나 하나님은 권능자이시기 때문에 우리의 모든 것을 예비하시고
인도해 주신다. 권능의 하나님이 우리와 함께하신다.

예수님은 하나님의 보좌 우편에 앉으신다. 예수님이 하나님의 보좌

의 우편에 앉으신다는 것은 하나님과 함께 심판의 주가 되셔서 심판하신다는 의미이다. 마치 대법원에서 법관들이 대법관의 오른쪽과 왼쪽에 앉아서 재판을 하는 것처럼, 예수님은 하나님의 보좌 우편에 앉아서 심판하시는 것이다. 예수님이 세상에 처음 오셨을 때는 이 땅의 영혼들을 구원으로 인도하시기 위해서 오셨다. 예수님은 우리의 죄를 대신 담당하시고 죽으심으로 누구든지 예수를 믿으면 영원한 천국의 백성이 되는 기회를 주셨고, 이 기쁜 소식을 알리러 이 땅에 오셨다. 그래서 이제 예수 그리스도를 주님으로 믿지 않는 사람들은 심판을 받을 것이다. 우리는 심판주가 되시는 예수님을 믿고 살아야 한다.

예수님은 다시 오신다. 예수님은 구름을 타고 승천하신 대로 구름을 타고 다시 오신다.

> 이르되 갈릴리 사람들아 어찌하여 서서 하늘을 쳐다보느냐 너희 가운데서 하늘로 올려지신 이 예수는 하늘로 가심을 본 그대로 오시리라 하였느니라(행 1:11)

예수님은 하늘로 올려지신 그대로 다시 오신다. 이것이 우리의 복된 소망이다. 초대교회 교인들은 수많은 핍박과 어려움을 당할 때 이 소망을 품고 고난을 이기며 살 수 있었다. 우리도 수많은 고난을 만나고 살아간다. 그러나 예수님이 가신 그대로 다시 오신다는 것을 마음에 새기고 주님을 기다리는 믿음으로 살아가자.

예수님이 누구라고 생각하는가? 이 땅에서 예수님을 하나님의 아들인지 모르고 살아가는 사람들이 얼마나 많은가? 예수님은 하나님의 아들이시다. 예수님은 다시 오신다. 다시 오실 하나님의 아들 예수 그리스도를 기대하며 살아가자.

부활의 확신을 가지고 살라[42)

　　예수님은 모든 것을 알고 계신다. 예수님은 십자가에 못 박혀 돌아 가시기 전날 밤에 제자 베드로에게 네가 오늘 나를 세 번 부인할 것이라고 말씀하셨다. 그 말을 들은 베드로는 놀랐다. 다른 사람은 몰라도 나는 절대 그럴 사람이 아니라고 말했다. 자신은 죽는 자리까지 예수님을 따라가겠다고 말했다. 그런데 정작 사람들이 예수님을 잡으러 왔을 때 베드로는 두려웠다. 그래서 자신도 모르게 도망을 쳤다가 예수님이 대제사장의 집에서 심문을 받는 자리에 가서 재판의 결과가 어떻게 되는가를 지켜보다가 그곳에서 자신을 알아보는 사람들로 인해서 예수님을 모른다고 부인하게 되었다. 본문이 우리에게 주는 교훈은 무엇일까?

---

42)　막 14:66-72

예수님은 우리를 알고 계신다

예수께서 제자들에게 이르시되 너희가 다 나를 버리리라 이는 기록된
바 내가 목자를 치리니 양들이 흩어지리라 하였음이니라(막 14:27)

목자를 치면 양이 흩어지는 것처럼, 목자이신 예수님을 치면 제자들
이 흩어질 것이라고 예수님은 말씀하셨다. 예수님은 자신이 잡히실 것
과 십자가에 못 박히실 것과 돌아가실 것, 그리고 부활하실 것을 이미
알고 계셨다. 예수님은 모든 것을 알고 계신다. 그러니 우리가 어떤 일
을 가지고 예수님께 나와도 예수님은 우리의 모든 것을 책임져 주시고
해결해 주실 수가 있다.

예수님은 우리의 죄를 알고 계신다. 모든 사람은 죄를 범하여 죄악
속에서 살아가고 있다. 그러나 예수님은 우리가 죄로 인하여 영원한 형
벌을 받을 것을 알고 계시고, 우리의 죄에서 구원하시고, 예수님을 영
접하여 하나님의 자녀가 되게 하시고, 영원한 천국을 선물로 주셨다.

예수님은 우리가 무거운 짐을 지고 사는 것을 알고 계신다. 우리는
무거운 짐을 지고 살아간다. 예수님은 우리가 그런 무거운 짐을 지고
살아가는 것을 아시고, 우리를 초청하고 계신다. 예수님께 나와 우리
의 무거운 짐을 맡기고 살라는 것이다.

수고하고 무거운 짐 진 자들아 다 내게로 오라 내가 너희를 쉬게 하리
라(마 11:28)

오늘 어떤 무거운 짐을 지고 있는가? 그 모든 무거운 짐을 예수님께 가지고 나가서 맡기자. 예수님이 우리에게 쉼을 주신다.

예수님은 우리의 질병을 알고 계신다. 성경에 보면 수많은 귀신 들린 자, 병든 사람들이 예수님께 나왔다. 예수님은 그들의 모든 병과 약한 것을 알고 계셨고, 그들의 병을 고쳐주셨다.

예수께서 온 갈릴리에 두루 다니사 그들의 회당에서 가르치시며 천국 복음을 전파하시며 백성 중의 모든 병과 모든 약한 것을 고치시니(마 4:23)

예수님은 우리에게 평안을 주신다

베드로는 예수님을 모른다고 부인한 후 밖에 나가서 심히 통곡을 하며 울었다. 예수님은 베드로가 부인할 것을 이미 알고 계셨고, 베드로는 예수님이 알고 계시는 대로 그대로 행했기 때문이다. 베드로는 자신에 대하여 실망했다. 자신은 예수님을 죽는 데까지 따라가겠다고 생각했지만, 대제사장의 뜰에서 예수님이 심문을 받는 모습을 보면서 그는 두려움에 사로잡혀 자신도 모르게 예수님을 모른다고 부인했기 때문이다. 예수님은 당황해하는 베드로를 알고 계셨다. 예수님이 베드로의 아픈 곳을 찌르지 않아도 베드로는 충분히 죄책감에 시달리고 있고, 열등감에 시달리고 있다는 것을 알고 계셨다.

예수님은 우리에게 평안을 주신다. 예수님은 부활 하신 후에 제자들에게 꾸중을 하고 그들을 원망하신 것이 아니라 그들에게 평안을 주섰다.

오늘도 예수님은 두려움에 사로잡히고, 고통 속에서 살아가는 우리에게 평안을 가지고 살라고 말씀하신다.

예수님은 우리를 용서해 주신다. 예수님은 제자들에게 용서의 중요성에 대하여 가르치셨다. 우리가 서로를 용서하지 않으면 하나님도 우리의 죄를 용서하지 않으신다는 것이다.

아무리 죄를 지어도 회개하거든 용서해주어야 한다. 우리는 수많은 상처를 받고 살아간다. 그러나 상처 준 사람을 용서할 때 우리도 평안을 가지고 살 수 있다.

하나님이 우리를 용서하신 것처럼 우리도 서로를 용서하며 살아야 한다. 예수님은 부활하신 후, 고기 잡으러 갈릴리로 간 베드로를 찾아가셨다. 예수님은 제자들과 음식을 먹고 난 후에 베드로에게 "네가 나를 사랑하느냐?"라고 물으시고, 베드로를 용서하시며, "내 양을 치라, 내 양을 먹이라."라고 말씀하셨다. 예수님은 자신을 부인한 제자 베드로를 용서해 주시고 그에게 다시 사명을 맡기신 것이다. 우리도 용서하며 살아야 한다.

부활의 확신을 가지고 살자

예수님의 제자들은 예수님이 잡히실 때 당황하여 뿔뿔이 흩어졌다. 그러나 예수님은 제자들에게 확신을 가지고 살기를 원하셨다. 제자들이 두려움과 어려움 속에서도 담대하게 살아갈 수 있는 비결은 예수님의 부활에 있었다. 죽은 지 사흘 만에 부활하시겠다고 하신 말씀은 빈말이 아니었다.

> 죽임을 당하고 제삼일에 살아나리라 하시니 제자들이 매우 근심하더라
>
> (마 17:23)

예수님께서 죽임을 당하고 사흘만에 다시 살아나시겠다는 말씀을 하실 때 제자들은 이해가 되지 않았다. 그러나 예수님이 말씀하신대로 사흘 만에 다시 살아나셨을 때 제자들은 예수님의 말씀이 사실인 것을 알게 되었다. 제자들은 예수님이 십자가를 지시고 죽으셨을 때만 해도 두려움 가운데 있었고, 담대함이 없었다. 그러나 예수님이 부활하신 것을 자신들의 눈으로 지켜보며, 예수님이 하신 모든 말씀이 사실이라는 것을 알게 되었다. 예수를 믿으면 그들도 부활의 생명을 가

지고 살게 될 것을 확신하게 되었다.

예수님은 우리의 모든 형편을 알고 계신다. 우리의 죄와 연약함도 알고 계시고 우리의 병도 알고 계신다. 예수님께 우리의 모든 것을 맡기자. 예수님은 우리에게 평안 주시기를 원하신다. 우리의 모든 두려움을 예수님께 맡기고 살자. 부활하신 예수님은 우리도 예수님과 함께 부활의 생명 속에서 살기를 원하신다. 날마다 예수님을 의지하고 예수님의 부활의 생명 속에서 살아가자.

예수님은 우리의 왕이시다[43]

예수님은 십자가를 지기 전에 대제사장에게 심문을 받으셨다. 대제
사장은 죄목을 신성 모독으로 정하고, 빌라도에게 예수님을 호송하였
다. 당시에 대제사장은 사람을 죽일 수 있는 권세는 없었기 때문에 법
의 집행자인 빌라도 총독에게 가서 예수가 자신을 왕이라고 했다고 그
를 사형에 처해 달라고 말했다. 결국 빌라도는 예수님을 십자가에서
죽도록 내어 주었다. 본문이 우리에게 주는 교훈은 무엇일까?

예수님은 왕이시다

빌라도는 예수님에게 네가 유대인의 왕이냐고 물었다. 예수님은 그
질문에 대하여 "네 말이 옳도다."라고 대답하셨다. 예수님은 자신이 왕
이 되심을 부인하지 않으셨다. 예수님은 하나님의 아들로서 왕이시기
때문이다.

---

43)   막 15:1-15

빌라도가 묻되 네가 유대인의 왕이냐 예수께서 대답하여 이르시되 네
말이 옳도다 하시매(막 15:2)

예수님의 족보가 예수님을 왕으로 증명한다. 마태복음 1장은 예수님의 족보를 이야기 하고 있다. 예수님의 족보가 다윗 왕의 혈통에서 태어난 왕이라는 것을 증명하고 있다.

아브라함과 다윗의 자손 예수 그리스도의 계보라 (마 1:1)

동방 박사들이 예수님을 왕으로 고백했다. 마태복음은 다른 복음서에는 없는 동방 박사들이 탄생한 예수님을 방문하고 경배한 이야기가 나온다.

유대인의 왕으로 나신 이가 어디 계시냐 우리가 동방에서 그의 별을 보고 그에게 경배하러 왔노라 하니(마 2:2)

동방 박사들은 예수님을 유대인의 왕이라고 고백하고 있고, 아기 예수님께 황금, 유향과 몰약을 선물로 드렸다.

구약의 예언자들도 예수님이 왕이심을 고백했다. 한 아기가 태어났는데 그 아기는 정사를 어깨에 메었다는 것이다. 정사를 메었다는 것은 한 나라를 이끄는 지도력이 있음을 의미하는 것이다. 그는 평강의 왕으로 이 땅에 오신다는 이야기이다.

이는 한 아기가 우리에게 났고 한 아들을 우리에게 주신 바 되었는데 그
의 어깨에는 정사를 메었고 그의 이름은 기묘자라, 모사라, 전능하신 하나
님이라, 영존하시는 아버지라, 평강의 왕이라 할 것임이라 (사 9:6)

예수님은 이 땅에 왕으로 오셨다. 왕으로서 우리를 다스리시고, 우리
를 보호하시고, 인도해 주시고, 우리에게 평강을 주신다. 우리의 삶에 왕
되신 예수님께 모든 문제를 맡기고, 믿음으로 살아가자.

예수님은 하나님의 나라의 왕이시다

예수님은 왕으로 오셨으나 그의 나라는 이 땅에 있는 나라가 아니라
하나님의 나라이다. 하나님의 나라는 하나님이 통치하시는 나라를 의
미한다.

하나님의 나라는 회개하고 복음을 믿는 사람들에게 다가온다.

이르시되 때가 찼고 하나님의 나라가 가까이 왔으니 회개하고 복음을
믿으라 하시더라 (막 1:15)

예수님은 하나님의 나라가 가까이 왔다고 말했다. 그 하나님의 나라
에 들어갈 수 있는 비결은 회개하고 복음을 믿는 것에 있다는 것이다.
회개하고 예수님이 나의 주님이심을 믿을 때 우리는 하나님의 자녀가
되고, 하나님의 나라의 백성이 되는 것이다.

하나님의 나라는 어린아이처럼 순수하게 예수를 믿는 사람의 것이다. 예수님은 하나님의 나라에 들어갈 수 있는 사람은 어린 아이와 같이 순수하게 하나님의 나라를 받드는 사람이라고 하셨다.

> 내가 진실로 너희에게 이르노니 누구든지 하나님의 나라를 어린 아이
> 와 같이 받들지 않는 자는 결단코 그 곳에 들어가지 못하리라 하시고(막
> 10:15)

어린 아이들의 특성은 이야기를 들려주었을 때 그 이야기를 있는 그대로 믿는다는 것이다. 그것이 아이들의 순수함이다. 아이들이 그렇게 믿는 것처럼 우리도 예수님이 하신 말씀을 믿어야 한다.

하나님의 나라는 권능으로 임하신다. 예수님은 수많은 사람들에게서 귀신을 쫓아내시고, 병든 자를 고쳐주셨다. 예수님은 자신이 귀신을 쫓아낼 수 있었던 이유는 하나님의 나라가 임하였기 때문이라는 것이다.

> 그러나 내가 만일 하나님의 손을 힘입어 귀신을 쫓아낸다면 하나님의
> 나라가 이미 너희에게 임하였느니라(눅 11:20)

예수님은 이 땅에서 성령의 능력으로 귀신을 쫓아내고 병든 자를 고치셨다. 하나님이 예수님에게 성령과 능력을 기름 붓듯 하셔서 예수님은 선한 일을 행하시고 마귀에 눌린 모든 사람들을 자유롭게 하셨다. 하나님의 나라가 이 땅에 임하고, 하나님이 함께 하시기 때문이다. 오늘도 우리에게 하나님의 나라가 우리와 함께 있다는 것을 잊지 말자.

회개하고, 어린 아이처럼 순수하게 예수님을 믿고, 예수님이 우리에게 맡겨주신 권능을 사용하며 살아가자.

바라바가 아닌 예수님을 택하자

대제사장과 그와 함께하는 사람들은 예수님을 죽이기 위해서 유대인의 왕이라는 죄목 외에도 수많은 죄목을 열거하였다. 그 많은 죄목을 들으며 빌라도는 의아해 하였다. "아니, 대제사장의 사람들은 왜 예수를 죽이려고 이렇게 혈안이 되었는가? 과연 예수가 그렇게 많은 죄를 지었는가?" 그래서 빌라도는 그들이 고발하는 것이 모두 사실이냐고 물었으나 예수님은 더 이상 말씀이 없었다.

예수님은 도수장으로 끌려 가는 양처럼 말이 없으셨다. 예수님은 빌라도가 묻는 말에 잠잠하셨다. 예수님은 살기 위해서 변명을 하지 않았다. 예수님은 우리를 살리시기 위해서 도수장으로 끌려가는 양처럼 말없이 십자가를 지셨다.

> 그가 곤욕을 당하여 괴로울 때에도 그의 입을 열지 아니하였음이여 마치 도수장으로 끌려 가는 어린 양과 털 깎는 자 앞에서 잠잠한 양 같이 그의 입을 열지 아니하였도다(사 53:7)

사람들은 예수님을 선택하지 않고, 바라바를 선택했다. 빌라도는 예수를 죽이지 않고 놓아주려고 했다. 예수님에게서 아무런 죄를 발견할 수 없었기 때문이다. 그는 당시의 종교인들이 예수님의 인기와 권능을 시샘하여 죽이려는 것을 알았기 때문이다. 그래서 그는 명절에 죄수를 하나 놓아주는 전례가 있으니, 예수를 놓아주는 것이 어떻겠냐고 백성들에게 물었다. 그러나 백성들은 예수님이 아닌 강도 바라바를 놓아달라고 말했다. 결국 빌라도는 예수님을 십자가에 못 박아 죽게 하고, 바라바를 놓아주었다. 오늘 우리는 누구를 선택하고 있는가? 예수님을 택하고 있는가? 아니면 바라바를 택하고 있는가? 우리는 매일 예수님을 의지하고, 예수님을 중심으로 살아가자.

예수님은 왕이시다. 왕이 백성을 돌보듯이 왕이신 예수님은 우리를 보호하시고, 우리를 돌보시고, 인도해 주신다. 예수님은 이 땅에 하나님의 나라를 전파하러 오셨다. 우리는 어린아이처럼 순수하게 하나님의 나라를 믿어야 한다. 우리는 매일 누구를 선택할 것인가? 우리는 바라바가 아닌 예수 그리스도를 우리의 주인으로 따르며 살아가자.

예수님이 채찍에 맞으므로 우리가 나음을 받았다[44]

예수님은 빌라도에게 심문을 받고 채찍질을 당하신 후 십자가를 지고 골고다 언덕길을 올라가셨다. 예수님은 이미 채찍에 맞아 많은 피를 흘려 힘이 없어 자꾸 넘어졌다. 그때 로마 병정들은 구레네 시몬이라는 사람에게 억지로 예수님의 십자가를 대신 지고 올라가게 했다. 로마 병정들은 언덕의 정상에 도착하여 예수님을 십자가에 못 박아 죽게 하였다. 왜? 예수님은 채찍에 맞고, 고난과 조롱을 당하며 십자가를 지시고 죽으셔야 했는가? 본문이 우리에게 주는 교훈은 무엇일까?

예수님은 우리의 병을 짊어지셨다

예수님은 십자가를 지시기 전에 채찍을 맞으셨다. 이것은 이해가 되지 않는 일이다. 곧 십자가에서 죽을 분에게 왜 채찍질을 하는가? 이 이해가 되지 않는 사건에 대하여 이사야 선지자는 예언하였다.

----

44) 막 15:21-32

> 그가 찔림은 우리의 허물 때문이요 그가 상함은 우리의 죄악 때문이라
> 그가 징계를 받으므로 우리는 평화를 누리고 그가 채찍에 맞으므로 우리
> 는 나음을 받았도다(사 53:5)

구약의 선지자 이사야는 예수님이 우리를 위하여 찔리고, 상하시고, 채찍에 맞으실 것에 대하여 예언하였다. 예루살렘 근처에 자라는 가시나무들은 가시의 크기가 3~4 센티미터나 된다. 로마 병정들은 큰 가시로 만들어진 면류관을 예수님의 머리에 씌워 예수님을 찔렀다.

예수님이 찔리신 것은 우리의 허물 때문이다. 예수님은 우리의 허물을 감당하시기 위해서 찔리셨다. 예수님이 상하신 것은 우리의 죄악 때문이다. 구약의 제사에 보면 어린 양이 사람들의 죄악을 대신 담당하기 위해서 제단에서 상하고 죽음을 당하는 것처럼, 예수님은 우리의 죄악을 대신 담당하시려고 십자가에서 상하시고 고통 받으신 것이다. 예수님이 징계를 당하신 것은 우리에게 평화를 주시기 위해서이다. 예수님은 채찍에 맞으심으로 우리의 모든 병을 고쳐주셨다. 이사야는 고백한다. "그가 채찍에 맞음으로 우리가 나음을 받았도다." 오늘 우리는 어떤 질병이 있든지 예수님께서 우리를 위하여 채찍에 맞으심으로 우리의 모든 병이 고침 받았다는 것을 기억해야 한다. 오늘 우리 가운데 육신의 질병으로 고통받는 사람이 있는가? 가시 면류관을 쓰시고, 채찍에 맞으신 예수님을 묵상하자. 예수님이 오늘 우리의 모든 약한 것과 병든 것을 치료해 주신다.

예수님은 우리의 고통과 수치를 감당하셨다

몰약을 탄 포도주를 주었으나 예수께서 받지 아니하시니라 (막 15:23)

당시에는 십자가에서 사형수를 죽일 때 사형수에게 몰약을 탄 포도주를 마시게 했다. 몰약을 탄 포도주는 마취제와 같은 효과를 낸다. 몰약을 탄 포도주를 마시면 마취된 상태에서 십자가를 지기 때문에 큰 고통 없이 사형을 당하게 되는 것이다. 그러나 예수님은 몰약을 탄 포도주를 받는 것을 거절하셨다. 예수님은 또렷한 정신으로 십자가의 고난과 고통을 그대로 받아들이셨다.

예수님은 우리의 모든 고통을 감당하셨다. 십자가에서 고난을 받으신 예수님은 우리가 살아가면서 만나는 모든 고난을 짊어지신 것이다. 예수님은 우리가 만나는 모든 문제를 알고 계신다. 그리고 우리가 당하는 그 고난과 고통의 아픔을 위로해 주신다. 우리가 고난을 만날 때 예수님은 말씀하신다. "내가 알고 있다. 나도 십자가에서 고통을 경험했다. 내가 너의 모든 고난과 아픔을 알고 있다. 그러니 내가 주는 위로를 받아라!"라고 말씀하신다.

이것을 너희에게 이르는 것은 너희로 내 안에서 평안을 누리게 하려 함
이라 세상에서는 너희가 환난을 당하나 담대하라 내가 세상을 이기었노
라 (요 16:33)

우리는 살면서 환난을 만나고, 어려움을 만난다. 그러나 담대하자. 주님이 우리의 모든 환난을 알고 계시고, 모든 고난과 고통을 정면으로 통과하시고, 그 모든 고난을 이기셨다.

예수님은 우리의 수치를 감당하셨다. 십자가 사형은 죄수의 모든 옷을 벗기고 십자가에 달아 많은 사람들 앞에서 수치스럽게 죽이는 형벌이다. 그래서 당시의 사형수들은 비참하고 수치스럽게 죽는 십자가의 형을 두려워했다. 로마 병정들은 예수님의 모든 옷을 벗기고, 십자가에 못 박고, 예수님의 옷은 제비 뽑아서 나누어 가졌다. 당시에는 옷이 비싸기 때문에 사형수의 옷이라도 서로 갖겠다고 로마 병정들은 제비를 뽑았던 것이다. 대제사장과 종교인들은 예수님을 수치스럽게 죽여, 더 이상 사람들이 예수님을 존경하거나 예수님을 따르지 않기를 원했다. "이렇게 힘없이 수치스럽게 죽은 예수가 무슨 그리스도가 되며, 너희를 구원할 메시야가 되겠나?"는 것이다. 그러나 예수님이 십자가에서 수치스럽게 죽으신 것은 힘이 없어서 그렇게 죽으신 것이 아니라 우리의 모든 수치를 대신 감당하시기 위해서 예수님이 십자가에서 죽으신 것이다.

창세기에 보면 아담과 하와는 그들의 벌거벗은 수치를 가리기 위해서 나뭇잎으로 옷을 해 입었다. 그러나 그들이 나뭇잎으로 만든 옷은 금방 시들어 떨어져 버렸다. 그래서 하나님은 그들을 위하여 동물을 잡아 피 흘림으로 가죽옷을 지어서 그들에게 입혀 주셨다. 동물의 피 흘림으로 아담과 하와의 수치를 가려주신 것이다. 예수님은 십자가에서 우리를 대신하여 피 흘리고 수치를 받으심으로 우리의 모든 수치를 덮어 주시고, 우리가 하나님의 은혜 가운데 살게 해 주셨다.

예수님은 결코 우리를 포기하지 않으신다

> 네가 너를 구원하여 십자가에서 내려오라 하고 그와 같이 대제사장들
> 도 서기관들과 함께 희롱하며 서로 말하되 그가 남은 구원하였으되 자기
> 는 구원할 수 없도다(막 15:30-31)

대제사장과 종교인들은 십자가에서 돌아가시는 예수님을 조롱하였다. 예수님은 우리의 구원을 위하여 어떤 조롱도 감당하셨다. 대제사장과 서기관들은 예수님이 아무런 저항도 없이 이렇게 십자가에서 죽는 것을 보면서 예수님을 조롱했다. 자신들이 두려워했던 예수가 비참하게 십자가에서 죽을 수밖에 없는 존재가 되었다는 생각에 그들은 기뻐하며 예수님을 조롱하였다.

그들은 예수님이 다른 사람은 살렸으나 정작 자신은 살리지 못한다고 조롱하였다. 그러나 예수님은 십자가에서 내려올 수 없었던 것이 아니라 내려 올 수 있는 권능이 있었음에도 불구하고 끝까지 십자가에서 내려오지 않으셨다. 우리를 구원하시기 위해서 그 모든 고난과 조롱을 감당하시고, 우리를 구원의 길로 인도해 주신 것이다. 우리는 십자가에서 고난과 조롱을 받으신 예수님을 묵상해야 한다. 자신의 힘과 능력으로 자신을 조롱하는 사람들을 진멸하시고 십자가에서 내려오실 수 있었으나 예수님은 내려오시지 않았다. 우리에게 구원을 주시고, 영원한 하나님의 나라를 선물로 주시기 위해서였다. 오늘 예수님의 놀라운 은혜를 묵상하고, 하나님께 영광을 돌리며 살아가자.

예수님은 채찍에 맞으심으로 우리의 병을 대신 짊어지셨다. 예수님은 우리를 위하여 십자가에서 고통을 받으시고 수치를 당하심으로 우

리의 고통과 수치를 감당하셨다. 예수님은 사람들의 조롱에도 불구하고 끝까지 십자가를 포기하지 않으시고, 우리의 구원을 포기하지 않으셨다. 우리를 위해서 고난 받으신 예수님께 감사와 찬양을 드리고 날마다 구원의 은혜와 감격 속에서 살아가자.

예수님은 이 땅에 오신 사명을 다 이루셨다[45]

예수님은 유대인의 왕이라는 죄목으로 십자가에서 못 박혀 돌아가셨다. 예수님이 돌아가시는 순간 하늘과 땅이 어두워 졌다. 예수님의 죽음을 슬퍼하시는 하나님의 마음을 읽을 수 있다. 예수님은 십자가 위에서 마지막으로 "내가 다 이루었다!"라고 외치시고 숨을 거두셨다. 예수님이 십자가에서 돌아가시는 모습을 지켜보던 로마 백부장은 예수님이야말로 진실로 하나님의 아들이었다고 고백했다. 본문이 우리에게 주는 교훈은 무엇일까?

예수님은 우리의 버림받은 마음을 이해하신다

제구시에 예수께서 크게 소리 지르시되 엘리 엘리 라마 사박다니 하시니 이를 번역하면 나의 하나님, 나의 하나님 어찌하여 나를 버리셨나이까 하는 뜻이라(막 15:34)

---

45)   막 15:33-41

예수님은 버림받으셨다. 예수님은 십자가 위에서 나의 하나님, 나의 하나님 어찌하여 나를 버리셨나이까? 라고 외쳤다. 예수님은 십자가에 달리시기 전날 밤 그의 사랑하는 제자들에게서 버림받았다. 제자들은 잡혀가는 예수님을 두고 모두 도망쳤다. 그들은 자신들도 잡혀 갈까봐 두려웠다. 예수님은 종교인들에게서 버림받았다. 종교인들은 하나님의 아들이라고 이야기 하는 예수님을 이해할 수 없었다. 예수님은 심지어 하나님에게서 조차 버림받았다. 하나님은 예수님을 십자가에 내어주심으로 온 인류를 구원하시기 위함이었다.

버림받으신 예수님은 우리의 버림받은 마음을 아신다. 우리도 인생을 살아가면서 버림받는 아픔을 경험할 때가 있다. 사랑했던 사람에게서 버림받기도 하고, 친구나 가족과 같은 가까운 사람에게서 버림받을 때도 있다. 그럴 때 우리는 버림받은 마음에 힘들어한다. 그럴 때마다 예수님은 우리의 곁에 오셔서 말씀하신다. "너의 아픔을 내가 안다. 내가 너를 이해한다. 나도 십자가에서 버림받았기 때문이다."라고 말씀하신다. 우리도 인생을 살면서 버림받음의 아픔 가운데 힘들어 할 때, 예수님께 나아가자. 예수님은 수고하고 무거운 짐을 진 사람은 모두 예수님께 나오라고 말씀하신다. 우리의 버림받은 마음을 이해하시고, 우리의 아픔을 어루만져 주시고, 우리를 치유해 주신다.

예수님은 이 땅에 오신 목적을 다 이루셨다

예수께서 신 포도주를 받으신 후에 이르시되 다 이루었다 하시고 머리를 숙이니 영혼이 떠나가시니라 (요 19:30)

예수님은 십자가 위에서 "다 이루었다."라고 말씀하셨다. 그것은 예수님이 이 땅에 오신 목적을 다 이루셨다는 것이다. 예수님은 이 땅에 오신 목적이 무엇인가?

우리의 죄에서 건져 주시고 영생을 주시는 것이다.

> 영접하는 자 곧 그 이름을 믿는 자들에게는 하나님의 자녀가 되는 권세를 주셨으니(요 1:12)

성령을 보내서서 우리에게 권능을 주시는 것이다.

> 오직 성령이 너희에게 임하시면 너희가 권능을 받고 예루살렘과 온 유대와 사마리아와 땅 끝까지 이르러 내 증인이 되리라 하시니라(행 1:8)

율법의 저주에서 속량하시고 아브라함의 복을 주시는 것이다.

> 그리스도께서 우리를 위하여 저주를 받은 바 되사 율법의 저주에서 우리를 속량하셨으니 기록된 바 나무에 달린 자마다 저주 아래에 있는 자라 하였음이라 이는 그리스도 예수 안에서 아브라함의 복이 이방인에게 미치게 하고 또 우리로 하여금 믿음으로 말미암아 성령의 약속을 받게 하려 함이라(갈 3:13-14)

모든 병과 약한 것을 고쳐주시는 것이다.

> 믿는 자들에게는 이런 표적이 따르리니 곧 그들이 내 이름으로 귀신을
> 쫓아내며 새 방언을 말하며 뱀을 집어올리며 무슨 독을 마실지라도 해를
> 받지 아니하며 병든 사람에게 손을 얹은즉 나으리라 하시더라 (막 16:17-18)

예수님은 믿는 사람이 기도할 때 귀신이 떠나가고 병든 사람에게 손을 얹으면 낫는 놀라운 기적을 우리에게 선물로 주셨다. 예수님께서 십자가에서 다 이루었다고 선포하실 때 우리에게 예비해 주신 이 모든 것이 다 이루어졌다. 그 놀라운 은혜에 감사하며 살자.

예수님은 우리에게 천국으로 가는 길을 열어주셨다

> 이에 성소 휘장이 위로부터 아래까지 찢어져 둘이 되니라 (막 15:38)

예수님은 우리에게 천국의 길을 열어주셨다. 예수님이 십자가에서 돌아가시는 순간 성소의 휘장이 위로부터 아래까지 찢어져 둘이 되었다고 한다. 성전 안에는 휘장이 있다. 그 휘장을 걷고 들어가면 제사장만이 들어갈 수 있는 지성소가 있다. 제사장은 어린양의 피를 들고, 지성소로 들어가 이스라엘 백성들의 죄를 속죄해 달라고 하나님께 간구하는 것이다. 그런데 예수님이 십자가에서 돌아가시는 순간 지성소와 성소를 가로막고 있는 그 휘장이 찢어진 것이다. 그 의미는 이제는 더 이상 제사장만이 지성소로 하나님을 만나러 들어가는 것이 아니라 누구든지 예수 그리스도의 십자가의 보혈을 의지하면 그 보혈의 공로에 의지하여 하나님께 나갈 수 있는 길이 열렸음을 보여주시는 것이다.

예수께서 이르시되 내가 곧 길이요 진리요 생명이니 나로 말미암지 않고는 아버지께로 올 자가 없느니라(요 14:6)

우리는 더 이상 염소의 피나 양의 피를 의지하고 제사장을 통하여 하나님께 나가는 것이 아니라 이제는 우리를 위하여 십자가에서 죽으시고 부활하신 예수님의 보혈을 의지하여 하나님께 나갈 수 있게 된 것이다.

예수님은 마지막 순간까지도 용서하시고 영혼을 구원하셨다.

예수를 향하여 섰던 백부장이 그렇게 숨지심을 보고 이르되 이 사람은 진실로 하나님의 아들 이었도다 하더라(막15:39)

백부장이 왜 예수님을 보고 그가 진실로 하나님의 아들이라고 고백했을까? 예수님은 자신을 십자가에 못 박는 로마 병정들을 저주하지 않으시고, 그들의 죄를 용서해 달라고 간구하셨다. 예수님은 십자가에서 같이 죽어가는 두 명의 흉악자 중의 한 흉악자가 예수님이 오늘 낙원에 들어갈 때 자신을 기억해 달라고 간구하자, 예수님은 그 한 흉악자를 구원해 주셨다. 어느 누구도 죽을 때까지 용서하며 영혼을 구원하며 죽는 사람은 없었다. 그런 모습을 지켜보던 로마 백부장은 예수님이야말로 하나님의 아들이셨다는 사실을 인정했다.

예수님은 우리를 구원하시기 위하여 버림받으셨다. 예수님은 이 땅에 오신 목적을 다 이루시고 우리를 위하여 죽으셨다. 예수님은 부활하셔서 우리에게 천국의 길을 열어주셨다.

예수님은 부활하셨다[46)]

　예수님은 제자들에게 자신의 죽음과 부활에 대하여 말씀하셨다. 예수님이 말씀하신대로 예수님은 십자가에서 돌아가셨다. 예수님의 제자들은 두려워서 아무도 돌아가신 예수님의 시신을 달라고 하여 장례를 치르려는 사람이 없었다. 그때 하나님은 의외의 사람을 예비하셨다. 아리마대 요셉이 빌라도에게 찾아가서 예수님의 시신을 달라고 하여 자신을 위하여 예비해 두었던 무덤에 예수님의 시신을 안치하고, 장사를 지냈다. 예수님을 따르던 제자들과 여인들은 예수님의 죽음에 절망했다. 이제 모든 것이 끝났다고 생각했다. 그러나 사흘이 되는 날 새벽에 여인들이 예수님의 시신에 향유를 바르기 위해서 무덤으로 갔다가 그곳에서 부활하신 예수님을 만나게 되었다. 예수님은 죽음에서 부활하셨다. 본문이 우리에게 주는 교훈은 무엇일까?

---

46)　막 16:1-8

예수님의 부활은 역사적인 사실이다

과연 예수님이 진짜로 부활하셨을까? 하는 의문을 가지는 사람들이 있다. 사람이 죽었다가 살아난다는 것이 믿을 수 없는 일이기 때문이다. 예수님이 부활하신 것을 믿지 못하고, 예수님의 부활을 부인하는 몇 가지의 주장들이 있다.

기절설이다. 예수님이 실제로 죽지는 않고 기절하셨는데 죽은 줄 알고 무덤에 안치해 두었더니 기절에서 깨어났다는 것이다. 그러나 기절설은 틀렸다. 로마 병정이 예수님의 옆구리를 찔러 물과 피가 쏟아졌다고 성경은 이야기 하고 있다. 옆구리가 창으로 찔려 심장이 터져 물과 피가 다 쏟아져 나온 사람은 죽은 것이지, 기절한 것이 아니다.

도둑설이다. 예수님이 부활한 것이 아니라 예수님의 제자들이 무덤에 가서 예수님의 시신을 훔쳐다가 감추어 두고, 예수님이 살아 나셨다고 거짓말로 소문을 퍼뜨렸다는 것이다. 그러나 성경에 보면 예수님을 장사한 후에 로마병정들이 그 무덤을 지키고 있었다. 예수님의 제자들은 로마병정들을 제압하고 예수님의 시신을 훔칠 수가 없었다. 더 나아가서 예수님이 살아나지 않았다면, 예수님의 제자들이 복음을 위해서 순교를 당할 이유가 없었다. 자신들의 거짓말을 전하기 위해서 순교를 하는 사람들은 없기 때문이다.

환상설이다. 예수님이 부활한 것이 아니라 제자들이 예수님의 부활을 너무 사모한 나머지 예수님을 환상 중에 보고, 예수님이 살아나셨다고 주장했다는 것이다. 그러나 예수님은 부활하시고 제자들에게 한

두 번 나타난 것이 아니다. 부활하셔서 40일 동안이나 제자들과 믿는 사람들에게 나타나셔서 그들에게 말씀을 가르치시고, 부활 승천하셨기 때문이다. 그러므로 우리는 예수님의 부활이 역사적인 사실이라는 사실을 인정해야 한다.

예수님의 제자들은 예수님의 부활을 확증했다

예수님을 부인했던 베드로는 예수님의 부활을 확증했다.

> 우리 주 예수 그리스도의 아버지 하나님을 찬송하리로다 그의 많으신
> 긍휼대로 예수 그리스도를 죽은 자 가운데서 부활하게 하심으로 말미암
> 아 우리를 거듭나게 하사 산 소망이 있게 하시며(벧전 1:3)

베드로는 부활하신 예수님을 만났다. 예수님이 잡혀 제사장의 집에 심문받으러 끌려가셨을 때, 그 집의 뜰에서 예수님이 심문받는 모습을 지켜보다가 자신을 알아본 하인들이 베드로가 예수님과 함께 있는 것을 보았다고 말할 때, 그는 자신은 그런 사람이 아니라고 부인했다. 예수님은 십자가에서 죽으시고 부활하셔서 갈릴리로 돌아가 고기를 잡고 있는 베드로를 찾아가셔서 그를 용서하시고, 그의 사명을 회복시켜 주셨다. 베드로는 죽으셨다가 부활하신 예수님을 자신의 눈으로 똑똑히 보았다. 그는 예수님의 부활이 우리에게 산 소망을 주시는 것이라고 고백했다.

예수를 믿는 사람을 핍박했던 바울은 예수님의 부활을 확증했다.

성결의 영으로는 죽은 자들 가운데서 부활하사 능력으로 하나님의 아
들로 선포되셨으니 곧 우리 주 예수 그리스도시니라(롬 1:4)

바울은 처음에는 예수를 믿는 사람이 아니었다. 그는 예수님이 하나
님의 아들이라는 것을 인정할 수 없었다. 그는 예수 믿는 사람을 핍박
했다. 그는 예수 믿는 사람을 핍박하기 위해서 다메섹으로 가는 도중
에 부활하신 예수님을 만나게 되었다. 강한 빛에 의해서 시력을 읽고
갈등하는 그에게 아나니아가 안수를 해줌으로 눈에서 비늘 같은 것이
떨어지며 다시 보게 되었다. 그제야 바울은 예수님이 죽은 자 가운데
서 부활하신 하나님의 아들이라는 사실을 깨닫게 되었다. 그 이후에
바울은 목숨을 걸고 예수님이 부활하신 것을 증거하며 살았다. 예수
님이 부활하셔서 하나님의 아들로 선포되었다고 그는 증언하였다. 베
드로와 바울 외에도 수많은 사람들이 부활하신 예수님을 직접 보고
예수님의 죽음과 부활을 증언하는 사람이 되었다. 우리도 예수님의
죽음과 부활에 대한 확신을 가지고 살아야 한다.

예수님의 부활은 우리에게 희망을 준다

예수님의 부활은 절망한 사람에게 희망을 주신다. 안식일이 지나고
3일째가 되는 새벽에 막달라 마리아와 다른 마리아가 예수님을 보려
고 예수님의 무덤에 갔다. 슬픔에 가득한 여인들은 예수님의 몸에 향
유라도 부어 드리려고 예수님을 장사한 무덤을 찾은 것이다. 그러나
예수님은 죽음에서 부활하셔서 무덤을 찾아온 여인들의 절망을 바꾸
어 희망을 주셨다. 오늘도 우리가 예수를 믿으면 부활하신 예수님은

우리의 삶의 절망을 바꾸어 희망이 되게 하신다. 우리의 삶 가운데 우리는 참으로 많은 절망의 순간을 만난다. 그러나 그럼에도 불구하고 예수님은 우리의 절망을 희망으로 바꾸어 주신다.

예수님의 부활은 두려움 가운데 있는 사람에게 평안을 주신다. 예수님의 제자들은 예수님이 십자가에서 돌아가신 이후에 이제는 모든 것이 끝났다고 생각했다. 그러나 예수님이 십자가에서 돌아가신지 3일째 되는 날, 여인들에게 나타나서 부활하셨다는 이야기를 듣고 두려워 떨었다. 제자들은 예수님의 무덤으로 찾아갔으나 예수님의 무덤은 비어 있었고, 부활하신 예수님은 만날 수 없었다. 그 날 저녁에 제자들이 모여서 정말로 예수님은 부활하신 것일까? 의문을 가지며 두려움 가운데 의논을 하고 있는데 예수님이 그 자리에 나타나신 것이다. 예수님은 그들에게 제일 먼저 "너희에게 평강이 있을 지어다."라고 말씀하셨다.

> 이 말을 할 때에 예수께서 친히 그들 가운데 서서 이르시되 너희에게 평
> 강이 있을지어다 하시니(눅 24:36)

예수님은 두려움에 떨고 있는 그들을 찾아오셔서 그들에게 평강을 가지라고 말씀하셨다. 예수님은 엠마오로 내려가는 두 제자에게 찾아가셔서 그들에게도 위로와 평강을 주시고, 예수님의 부활을 확증해 주셨다.

우리도 인생을 살아가면서 수많은 문제를 만난다. 그러나 예수님은 십자가에서 죽으신 후 사흘 만에 부활하셔서 우리의 모든 절망을 희망

으로 바꾸시고, 우리의 두려움을 평강으로 바꾸어 주신다. 우리의 삶 속에서 부활하신 주님을 의지하고 살자.

온 천하 만민에게 복음을 전하라[47)

　　예수님은 우리가 믿음으로 살기를 원하신다. 예수님은 제자들에게
자신이 십자가에서 죽으시고 사흘 만에 부활하실 것에 대하여 말씀하
셨다. 예수님은 제자들이 자신의 부활에 대하여 믿음을 가질 것을 원
하셨다. 그러나 예수님의 제자들은 예수님의 무덤에 가서 예수님께 향
을 바르려던 여인들이 부활하신 예수님을 만나고, 예수님이 부활하셨
다고 말했을 때, 그 이야기를 믿지 않았다. 예수님은 열한 제자가 음식
먹을 때에 나타나셔서 그들이 믿음이 없는 것에 대하여 꾸짖으셨다고
오늘 본문은 말하고 있다. 본문이 우리에게 주는 교훈은 무엇일까?

예수님의 말씀을 믿자

　　예수님은 우리가 예수님의 말씀을 있는 그대로 믿기를 원하신다. 제
자들이 가진 문제는 예수님이 말씀하셨다고 해도, 자신의 생각대로 판
단하는 것에 있다. 우리가 선글라스를 쓰고 있으면 세상 만물이 선글

---

47)　막 16:14-15

라스의 색깔처럼 보인다. 갈색 선글라스를 쓰고 있으면 세상이 갈색으로 보이고, 녹색 선글라스를 쓰고 있으면 세상이 녹색으로 보인다. 우리는 예수님을 바라볼 때 믿음의 선글라스를 쓰고 바라보아야 한다. 그러면 현실적으로 아무리 문제가 커도 그 모든 문제를 예수님이 해결해 주신다는 믿음이 생기게 되는 것이다.

예수님의 제자들의 생각에는 예수님이 죽었다가 3일 만에 다시 살아난다는 것은 불가능한 일이라고 생각했다. 예수님이 3일 만에 다시 살아난다는 것은 상징적인 이야기를 한 것이지, 진짜 부활을 의미하는 것은 아니라고 생각했을 것이다. 그러나 중요한 것은 예수님이 된다면 되는 것이다. 예수님이 하신 말씀을 있는 그대로 믿는 것이 중요한 것이다. 예수님이 3일 만에 살아나겠다고 말씀하셨으면, 무슨 일이 있어도 다시 살아나시는 것이다.

예수님은 이 땅에 계시면서 제자들에게 믿음의 중요성에 대하여 강조하셨다. 현실적으로 그렇게 보이지 않아도 예수님이 하신 말씀은 믿으라는 것이다. 믿을 때 예수님은 그 일을 그대로 행하신다는 것이다. 마르다와 마리아는 오빠 나사로가 죽었을 때 나사로가 다시 살아나는 일은 불가능하다고 생각했다. 그러나 예수님은 그들에게 "네가 믿으면 하나님의 영광을 보리라."라고 말씀하셨다.

> 예수께서 이르시되 내 말이 네가 믿으면 하나님의 영광을 보리라 하지
> 아니하였느냐 하시니(요 11:40)

오늘 우리도 예수님의 말씀을 있는 그대로 믿어야 한다.

예수님이 주신 기쁜 소식을 전하고 살자

예수님은 제자들의 믿음 없음에 대하여 꾸짖고 난 다음에 그들에게 중요한 사명을 주셨다. 그것은 그들이 복음을 전파해야 한다는 것이다.

> 또 이르시되 너희는 온 천하에 다니며 만민에게 복음을 전파하라(막 16:15)

복음이란 기쁜 소식이다. 예수님은 제자들에게 온 천하에 다니면서 만민에게 기쁜 소식을 전하라는 것이다. 우리가 전할 기쁜 소식은 무엇인가? 이 한 구절에서 우리는 예수님이 우리에게 말씀하시는 복음의 중요한 원리를 발견할 수 있다.

우리 모두가 해야 한다. 오늘 본문에 보면, "너희는"이라고 말하고 있다. 누가 복음을 전해야 하는가? 어떤 사람은 복음은 전도사만 전하는 것으로 아는 사람이 있다. 직책이 전도사이기 때문이라고 말한다. 그러나 전도사만 복음을 전하는 것이 아니다. 예수님은 "너희는"이라고 말한다. 그것은 예수를 믿는 모든 사람들을 말한다. 우리는 모두 복음에 빚진 사람들이다. 누군가 우리를 위해서 복음을 전하기 위해서 순교의 피를 흘려 오늘 우리가 예수를 믿게 된 것이다. 다른 사람을 기다리지 말자. 복음은 우리가 전해야 한다. 우리로부터 복음이 시작되어야 한다.

온 천하에 전하자. 예수님은 제자들에게 "온 천하에 다니며…"라고 말하고 있다. 그러면 온 천하는 어디인가? 말 그대로 전 세계를 의미하는 것일까? 예수님은 사도행전 1장에서 온 천하를 이렇게 말한다.

> 오직 성령이 너희에게 임하시면 너희가 권능을 받고 예루살렘과 온 유
>
> 대와 사마리아와 땅 끝까지 이르러 내 증인이 되리라 하시니라(행 1:8)

온 천하는 예루살렘에서 시작된다. 그리고 유대와 사마리아와 땅 끝이 온 천하이다. 그러므로 복음은 내가 있는 예루살렘에서부터 시작되는 것이다. 우리의 가정, 우리의 동네, 우리의 이웃, 우리나라, 그리고 점점 더 나아가 우리 주변의 나라들로 시작해서 우리에게서 가장 먼 나라에까지 복음을 전해야 한다.

만민에게 전하자. 만민은 말 그대로 모든 사람들을 의미한다. 우리가 복음을 전할 때 편견을 가지고 복음을 전해서는 안 된다. 나는 선진국에만 복음을 전하겠다는 생각을 가져서도 안 된다. 하나님이 길을 열어주시는 대로 어느 나라에도 복음을 전해야 한다. 어떤 피부 색깔을 가지고 있든지 그것에 구애 받지 말고 모든 족속에게 복음을 전해야 한다.

기쁜 소식을 전하자. 우리가 만민에게 해야 할 것이 무엇인가? 우리는 복음을 전해야 한다. 복음이란 기쁜 소식이다. 무엇이 기쁜 소식인가? 하나님이 우리를 사랑하셔서 그의 아들 예수님을 보내주셨다는 것이다. 예수님은 우리를 위하여 죽으시고 부활하심으로 우리를 구원하여 주셨다는 것이다. 누구든지 예수를 믿으면 죄에서 자유를 얻고, 가난과 저주가 떠나가고, 우리의 모든 병이 고침 받고, 영원한 천국을 바라보며 살게 되었다는 것이다. 이것이 기쁜 소식이요, 복음이다. 이

복음을 날마다 전하며 살아가는 우리가 되어야 한다.

　예수님은 제자들이 예수님이 죽으셨다 사흘 만에 살아나실 것을 믿기를 원하셨다. 예수님의 부활을 믿지 않았던 제자들을 예수님은 꾸짖으셨다. 그들에게 믿음을 가지고 예수님의 말씀을 그대로 믿으라는 것이다. 예수님은 그들에게 온 천하에 다니며 만민에게 복음을 전파하라고 사명을 주셨다. 예수님의 제자들은 그 말씀에 순종하여 목숨을 걸고 온 천하에 다니며 복음을 전했다. 우리도 이와 같이 예수님의 부활을 믿고, 가는 곳마다 예수님을 전하며 살아가자.

믿음으로 표적을 나타내라[48)]

예수님은 제자들에게 예수님이 하나님의 아들이심을 믿고, 믿음으로 살기를 원하셨다. 예수님이 제자들에게 믿음으로 살기를 원하신 것은 제자들이 예수님을 믿고 의지하고 살아갈 때, 믿는 자들에게는 구원이 임하고 능력 있는 삶을 살 수 있기 때문이다. 믿음으로 살 때 귀신이 떠나고, 병든 자가 낫는 놀라운 기적이 일어난다는 것이다. 본문이 우리에게 주는 교훈은 무엇일까?

예수님을 믿으면 구원을 받는다

> 믿고 세례를 받는 사람은 구원을 얻을 것이요 믿지 않는 사람은 정죄를 받으리라(막 16:16)

우리가 구원을 받는 유일한 길은 예수님을 믿는 것이다. 예수를 믿을 때 우리의 모든 죄 사함을 받고, 하나님의 자녀가 되며, 구원의 은

---

48) 막 16:14-20

혜 속에서 살아가게 된다. 누가복음 8장에 보면 회당장 야이로의 딸이 죽어 가고 있었다. 회장장 야이로는 예수님께 나아가 자신의 딸을 살려달라고 간청했다. 예수님은 그의 말을 들으시고 그의 집으로 가셨으나 예수님이 집에 도착하기도 전에 회당장의 딸은 이미 세상을 떠났다. 회당장의 집에서 온 사람들이 이미 당신의 딸이 죽었으니 예수님을 더 이상 괴롭게 하지 말라고 말했다. 회당장은 절망했을 것이다. 그러나 그 순간 예수님은 두려워 떠는 회당장을 보면서 두려워하지 말고 믿기만 하라고 말씀하셨다.

> 예수께서 들으시고 이르시되 두려워하지 말고 믿기만 하라 그리하면 딸
> 이 구원을 얻으리라 하시고(눅 8:50)

예수님은 믿으라고 하셨다. 예수님이 자신의 딸을 치료하실 수 있다는 것을 믿으라는 것이다. 예수님이 하나님의 아들이라는 것을 믿으라는 것이다. 예수님을 믿으면 기적이 일어난다는 것을 믿으라는 것이다. 회당장 야이로는 그 순간 예수님의 약속의 말씀을 믿었다. 예수님이 자신의 딸을 고쳐 주실 것을 믿었다. 그러자 예수님은 그 소녀가 죽은 방에 들어가서 그 소녀를 살리는 놀라운 기적을 베풀어 주셨다. 오늘도 우리가 예수를 믿으면 기적이 일어난다.

예수님의 이름으로 귀신을 쫓아내라

> 믿는 자들에게는 이런 표적이 따르리니 곧 그들이 내 이름으로 귀신을
> 쫓아내며 새 방언을 말하며(막 16:17)

예수님은 이 땅에서 공생애 사역을 하시는 동안에 수많은 귀신을 쫓아내셨다. 예수님께서 사람들에게 귀신을 쫓아내신 이유는 귀신은 사람들에게 들어가서 그들의 인생을 파괴하고, 가정을 파괴하고, 큰 고통 속에서 살게 만들기 때문이다. 예수님은 귀신 들린 사람들을 불쌍히 여기셨다. 그래서 예수님의 제자들을 파송하시면서 그들에게 귀신을 쫓아내는 권세를 주시고, 그들에게 가서 더러운 귀신을 쫓아내라고 말씀하셨다.

> 예수께서 그의 열두 제자를 부르사 더러운 귀신을 쫓아내며 모든 병과
> 모든 약한 것을 고치는 권능을 주시니라 (마 10:1)

예수님은 귀신을 쫓아내는 일이 예수님만 할 수 있는 특별한 일이 아님을 강조하셨다. 누구든지 예수님을 믿으면 귀신을 쫓아낼 수 있다고 말씀하셨다. 어떻게 그것이 가능한가? 하나님이 나를 사랑하셔서 나를 자녀 삼아주셨고, 그 자녀에게 귀신을 제어하는 놀라운 능력을 주셨음을 믿고, 귀신을 향하여 명령하면 귀신이 떠나간다는 것이다. 예수님은 그래서 믿음으로 사는 것이 얼마나 중요한 것인가를 말씀하셨다. 예수님은 믿음의 사이즈가 문제가 아니라고 말씀하신다. 큰 믿음이 아니라 겨자씨 한 알 만큼만 믿음이 있어도 놀라운 일이 일어난다는 것이다.

> 이르시되 너희 믿음이 작은 까닭이니라 진실로 너희에게 이르노니 만
> 일 너희에게 믿음이 겨자씨 한 알 만큼만 있어도 이 산을 명하여 여기서
> 저기로 옮겨지라 하면 옮겨질 것이요 또 너희가 못할 것이 없으리라 (마
> 17:20)

산을 옮긴다는 것은 얼마나 놀라운 일인가? 우리가 작은 겨자씨 한 알 만큼만 믿음이 있어도 이 산을 명하여 여기서 저기로 옮겨지라 하면 옮겨진다는 것이다. 믿음이 이렇게 중요하다. 귀신은 사람들에게 괴로움을 준다. 하지만 예수 이름으로 믿음으로 기도할 때 귀신이 떠나게 된다. 오늘도 우리는 예수를 믿는 믿음으로 담대하게 귀신을 쫓아내자.

병든 사람을 위하여 믿음으로 기도하라

예수님은 믿는 사람이 병든 사람에게 손을 얹고 기도하면 낫는다고 말씀하셨다.

> 뱀을 집어올리며 무슨 독을 마실지라도 해를 받지 아니하며 병든 사람
> 에게 손을 얹은즉 나으리라 하시더라(막 16:18)

어떻게 믿는 사람이 병든 사람에게 손을 얹으면 나을 수 있을까? 믿음으로 병든 사람에게 손을 얹고 기도하면 하나님이 그 사람을 고쳐주시기 때문이다. 예수님은 이미 공생애 사역을 통하여 수많은 사람들의 병을 고쳐주셨다. 예수님은 큰 무리를 보시며, 그들 가운데 많은 사람들이 병들어 고통 가운데 살아가고 있는 것을 보시고 불쌍히 여기셨다. 지금처럼 현대 의학이 발달되어 있는 때도 병들어 살아간다는 것은 고통스러운 일인데, 2천 년 전에 병들어 살아간다는 것은 얼마나 힘들고 고통스러운 것이었을까? 그래서 예수님은 병든 사람들에게 믿음으로 손을 얹고 그들을 고쳐주셨다.

예수께서 손을 내밀어 그에게 대시며 이르시되 내가 원하노니 깨끗함을
받으라 하시니 즉시 그의 나병이 깨끗하여진지라(마 8:3)

그의 손을 만지시니 열병이 떠나가고 여인이 일어나서 예수께 수종들더
라(마 8:15)

무리를 내보낸 후에 예수께서 들어가사 소녀의 손을 잡으시매 일어나는
지라(마 9:25)

예수님은 믿음으로 병든 자에게 손을 얹으셨다. 죽은 자의 손을 잡
으셨다. 그럴 때마다 병든 사람은 고침을 받았고, 죽은 사람은 살아났
다. 오늘 우리도 이와 같이 예수님을 우리의 주님으로 믿고, 예수의 이
름으로 병든 자에게 손을 얹고 믿음으로 기도하면 병든 자가 고침 받
고 기적이 일어나게 된다. 우리 모두 예수 그리스도를 믿음으로 귀신
을 쫓아내고, 병든 자를 고치며 살아가자.

나가는 말

마가는 예수님께서 가르쳐주신 내용을 기록하여 예수님이 누구시며, 어떻게 사역을 하셨으며, 우리에게 무엇을 가르쳐 주셨는지를 알리는데 관심이 있었다. 마가복음이 기록될 당시에 많은 사람들은 예수님에 대하여 오해하고 있었고, 복음에 대하여 오해하고 있었다. 마가는 그의 복음서에서 당시의 유명인이었던 침례(세례) 요한을 먼저 등장시켰다. 당시의 유명인이었던 요한이 자신은 예수님에 비하면 아무것도 아니라는 고백을 함으로써 예수님은 요한보다도 더 위대한 분이심을 강조하며 시작한다. 마가는 예수님은 위대한 하나님의 아들이며 우리의 왕이라는 것을 밝히려고 했다.

마가는 예수님이 제자들을 부르신 것은 단지 그들에게 많은 일을 맡기려고 한 것이 아니라 그들과 함께 교제하시기 위함이었음을 강조한다. 특히 마가는 예수님이 제자들에게 겸손을 강조하고 계신 것을 이야기 하면서 우리가 얼마나 이기적이고 교만해지기 쉬운 존재인가를 인식하고 겸손의 삶을 살라고 말한다. 마가복음은 짧은 복음서임에도 불구하고, 예수님이 행하신 기사와 이적을 많이 소개하고 있다. 마가는 예수님이 행하신 놀라운 일들을 예수를 믿는 사람들도 믿음으로 할 수 있음을 이야기 한다. 예수님을 믿는 사람들에게는 그런 표적들이 나타난다는 것을 강조한다.

마가는 전체 16장의 성경 가운데 예수님이 예루살렘에 들어가서서 십자가를 지시고 죽으시고 부활하신 이야기를 12장부터 넉 장에 걸쳐서 이야기 한다. 전체 16장에서 네 장을 예수님의 마지막 주간으로 다룬다는 것은 그만큼 예수님의 십자가의 죽음과 부활이 중요하다는 것이다. 마가는 그가 예수님으로부터 배운 예수님의 가르침을 우리에게 전한다. 우리도 예수님이 가르쳐 주신 대로 살자고 말한다. 오늘 우리는 마가복음을 통하여 우리에게 주신 예수님의 말씀을 마음에 새기고, 하나님의 아들이며 우리의 왕이신 예수님을 의지하고, 믿음으로 살아가자. 우리 주변에 고난 받는 이웃들에게 위로와 희망을 나누며 우리 모두 예수님의 제자로 살아가자.